RPAで成功する会社 失敗する会社

Robotic
Process
Automation

「人が本来やるべき仕事」にシフトする
考え方と実践手順

大西亜希
ヴェールコンサルティング株式会社 代表取締役

CrossMedia
Publishing

はじめに

「働き方改革を進めよう」「仕事の質を高めて労働時間を減らそう」――数年来、日本全国のオフィスでそんな呼び掛けがされています。

経営者は人手不足で頭を悩ませながら、少しでも効率化を図るための施策として「RPA」へとたどりつきます。「RPA」とは、Robotic Process Automationの頭文字で、**ソフトウェアロボット（プログラム）により業務を自動化すること**を指しています。たとえば自動車工場では、アームロボットが作業を自動的に行いますが、オフィスでは人間がPCに向き合って手作業で行ってきた業務を〝ロボちゃん〟が自動化します。

日本では2015年ごろから登場したRPAは、多くの大企業が導入し、人件費などのコスト削減を実現しています。「これまで人員を割いて行ってきた作業をロボットに任せることができ、しかもミスなく必ず実行してくれる。その上、専門知識がなくても使えて、低コスト！

名だたる大企業がこぞって導入していて実績も折り紙つき」。こう聞けば、わが社にもぜひ導入したいと考えるのは、経営者の方々であれば至極当然のことです。

しかし、いざRPAを導入してみた会社は、さまざまな壁や問題にぶつかります。「コストに対して採算が取れない」「RPAに任せられる業務がない」「導入したが運用できる人材がいない」「思っていたのと違う」……といった内容です。

実は「RPA」を導入するためには、3つの重要な視点があるのです。

視点1　費用対効果

そもそも安くはない導入費用に見合うだけの効果を出せるか？

視点2　業務選定

どのような業務に適用できるか、事前に選定できているか？

視点3　運用体制

誰がどのように導入し、運用していくか事前に決まっているか？

この3つの視点を前もって理解し、実現できなければ、せっかくのRPA導入も、お金をドブに捨ててしまうことになりかねません。

私は国内大手および外資系のコンサルティング会社で勤務した約10年間、そして中小企業診断士として独立して10年以上のキャリアの中で、100社以上の大手・中堅・中小企業のデジタル化推進プロジェクトや業務改革プロジェクトに携わってきました。そこで実際にRPA導入で困っている経営者、問題に直面している担当者と共に、解決案・改革案について考えを巡らせ、成功へと導いてきました。

本書では私の経験をもとに、実際に起こった失敗例や誤解しがちなRPAの基本、導入までに知っておきたいことから始まり、3つの視点の実践、導入のステップまでをやさしく解説しています。**RPAに関する技術的な情報は多く提供されていますが、「どのように活用するか」という視点の情報は少ない**のが現状です。本書の内容は、システム提供側ではなく、システム利用側であるユーザーの立場でデジタル化支援を行っているからこそのノウハウであると考えています。

いまRPAを検討している方、導入したものの壁に突き当たっている方、挑戦したが失敗してしまったという方も、ぜひ本書を参考にしてみてください。この本がRPA導入の手引きとなり、会社の経営を飛躍的に向上させる手助けとなれば、この上ない喜びです。

RPAとはどんなものか？ ▶第1章

基本的な考え方

- ソフトウェアロボットで業務を自動化すること
- 判断を伴わない単純作業を行うのに適している
- 今後はRPAを使いこなす企業に人が集まる時代に

どんなことができるか？

- 特定の場所にあるデータをシステムに入力
- WEB上のデータをコピー＆ペーストして集計
- 複数のファイルを統合／別の表に加工　など

RPAは「全体最適」ではなく「部分最適」で考えるもの

RPA導入に重要な3つの視点

費用対効果 ▶第2章

- 初期費用だけでなく全体の出費を見る
- 削減時間のみならず「余力で何をするか」が重要
- ロボットも「採用コスト」で考える

業務選定 ▶第3章

- 「業務」ではなく「行動」に着目する
- 「それは人が担うべき仕事か」を考える
- 導入は新人に仕事を引き継ぐのと同じ

運用体制 ▶第4章

- 情報システム部門ではなく事業部門主導で行う
- 導入の3ステップを踏まえてプロジェクト発足
- 事業部門の社員が自ら業務を効率化していく

導入は投資と考え、「人＋ロボット」で仕事を効率化し、事業部門が主体となって進める

本書で解説するRPA導入の全体像

うまくいかない会社の特徴 ▶序章

経営者
- 表面的なコストに目を奪われる
- 担当部門に導入を丸投げする

情報システム部門
- 難解なツールを導入する
- ヒアリングが進まない

事業部門
- 難しい業務を自動化しようとして断念
- 導入したら完了と勘違い

三者の役割分担がうまくできないと
「惜しいRPA」になってしまう

実際にどう導入を進めていくか？ ▶第5章

流れとプロダクト選定
- 「導入計画策定→トライアル→本導入」で進める
- ①サーバー型かクライアント型か　②シナリオ設定のインターフェース　③初期と運用にかかるトータルコストの3つのポイントを押さえてプロダクトを選ぶ

その他の視点
- 困った時にどこに助けを借りるか？
- さまざまな補助金や助成金を活用する
- 他社の導入事例に学ぶ

RPA導入のひと通りの流れを押さえてから
その他のポイントもあわせて考える

RPAで成功する会社、失敗する会社　目次

序章

お金をドブに捨てる会社の「惜しいRPA」導入あるある9タイプ

第1章 RPAはどこに、どれだけ、どう使えばいいの？

第2章 「費用対効果」のウソ——どこをどう考えて導入するのがいいか？

第3章 「人を削る」のではなく「人＋ロボット」で2倍の仕事をこなす

第4章 で、導入の「仕切り」って誰がやるの?

第5章

【実践編】プロダクトはよくても、御社で使えなければお金のムダ

序　章

お金をドブに捨てる会社の「惜しいRPA」導入あるある9タイプ

ここではまず、経営者／事業部門／情報システム部門のそれぞれの認識のズレや間違った理解のために、RPAの導入がうまくいかない「惜しい」9タイプの事例を紹介します。

01

惜しい!
経営者

表面的なコストに目を奪われ、導入に踏み切れない

RPAについてまったくご存じない経営者の方にRPAを説明する時、私はシンプルに「RPAはソフトウェアのロボットです」という言い方をします。

みなさんロボットというと、工場のアームロボットを思い浮かべる方が多いと思います。「はじめに」でも述べたように、RPAはRobotic Process Automationの頭文字を取ったもので、ホワイトカラーの現場において、人間によるPC操作を自動化するソフトウェアのロボットを意味します。

日本のホワイトカラーの現場の多くは、まったくと言っていいほど自動化されていません。PCの前に人間が座り、入力は手作業で行う……。この状況は、50年前の製造業における家内制手工業と同じ形態です。ブルーカラーの現場では何十台ものアームロボットに対して1人の管理者が制御・命令を行いますが、ホワイトカラーの現場ではそれが叶いません。RPAを導

入すれば、ＰＣの中でソフトウェアロボットが稼働し、人が手作業で行っていた入力作業などをＲＰＡが代替します。つまり、無人の状態でＰＣを使った通常業務が可能になり、生産性の向上や人手不足の解消に大きな期待が寄せられているのです。

ＲＰＡは未来への投資

このようにご説明すると、大半の経営者の方は「なるほど、自動化、やってみようか」という気持ちになりますが、次のハードルになるのが費用対効果です。

たとえば「ＲＰＡのライセンス費用は月10万円程度です」と言った時、「年間１２０万円は高いね。それに見合うだけの効果が出るかな?」と思考がストップし、ＲＰＡについての検討が終わってしまうことがあります。

もちろんコストがかかる以上、費用対効果は重要です。経営者であれば、将来のことよりも、今期の売上について頭を悩ます場面もあるでしょう。ただ、この時代において、**ＩＴに関する投資は、率先して行うべき**です。会社を安定的に経営していく上で、長い目で見ると、もはやどう考えても「デジタル化しない会社」は生き残ることができません。それは誰もが理解しているのではないでしょうか。

もちろんＲＰＡを導入したからといって、即座に結果は出ないかもしれません。それでもあえて、RPAを「投資」だと思って導入すべきだと私は考えています。このあと本書の中で細かく解説していきますが、RPAは現場の知恵を取り入れながら磨き上げていくことで、将来にわたってコスト以上のリターンをもたらすものであり、少なくとも1年から2年は継続してみてから答えを出す必要があるからです。

ある製造業の経営者は、機械設備には年間数千万円単位の投資を惜しみません。これはご自身が知識や強みを持つ分野であり、目に見えて効果を実感できるからです。しかし、これからは、強みだけで経営はできません。

企業のトップには先見性も求められますが、やがてくる「人とロボットが共存する世界」に備えて、デジタルツールを導入して業務を自動化していくことが、生き残りの道ではないでしょうか。

02

惜しい!
経営者

経営者がデジタル化に興味を示さない

ここで、RPAを活用してどんなことができるのか、イメージをお伝えしておきましょう。

現状、RPAが自動化できる業務は、基本的にシンプルなものに限定されています(プログラミングにより複雑な業務手順にも対応は可能ですが)。データのコピー&ペースト、ダウンロードしたファイルをメールに添付する、Excelデータのチェック……など、判断を必要としない仕事が主な業務となります。将来はAIエンジンが導入され、人工知能が判断するRPAも登場するかもしれませんが、それはまだ先の話です。

現状のRPAでできる業務の代表格がメールの処理です。例を挙げると次のようなものです。

◉在庫管理システムから在庫不足のメールが購買部に届き、担当者は添付されている在庫不足リストをダウンロードして印刷する(メールは1日20通程度届くため、その都度、業務

を一時停止して確認を行う）
◉後ほど、在庫不足の商品をまとめて発注する

このケースでは、ＲＰＡ導入により「在庫不足」といったメールタイトルの監視を行い、リストを印刷するという作業を任せることができました。その後の発注に関しては人間が行いますが、自動化することで業務が中断されず、効率的な作業が実現できます。

このほかには、次のようにシステムの間をつなぐような作業も得意とします。

◉メールに添付されているエクセルの発注リストの内容を、基幹システムにコピー＆ペーストする
◉クラウド上のサイトでセミナーの申し込みを受け付け、社内の受講者リストにコピー＆ペーストする

ＲＰＡはExcelなど1つのソフトウェアではなく、複数のソフトウェアを動作させることができるため、メールやExcel、ＷＥＢブラウザへの対応も可能です。

たとえば、競合他社のサイトを毎日巡回し、価格を調査するという作業があったとします。

この作業に対して、ＲＰＡがサイトを巡回し、価格をコピーしてExcelに貼り付け、営業担当者全員にメールで配布を行うことも可能です。

こうしたＲＰＡの詳細をお伝えすると、経営者によっては「うちにはロボットに任せるような業務はない」と言う方がいます。本当にそうでしょうか？　発送業務のためのラベル作り、受注リストの作成、送付先のコピー&ペーストなど、単純作業は意外なほど多く、事業部門の担当者が貴重な時間を奪われているケースは少なくないのです。ホワイトカラーの現場でリストなどをコピー&ペーストする作業がまったくないということは、まずあり得ないでしょう。

また、ＲＰＡをある程度は理解していても、「ＲＰＡ導入＝自動化＝時間削減」の理解で止まっている方もいます。「社員1人につき1日30分の作業が削減できたら、少し余裕が出るかもね」といった認識で終わってしまうのは、非常にもったいなく感じます。実際にはその30分の削減により、売上をもう少し上げられるかもしれません。時間削減により生まれた余力でどんな付加価値を生み出せるのか、経営者がその理解を深めることがとても重要になります。

積極的な権限移譲を

一方で、デジタル化に興味を示さない経営者も一定数おられます。

私のクライアントでもある中堅・中小企業には、オーナー企業、いわゆる「会社の名前と経営者の名前が同一」という会社が多くあります。経営トップの大半は60代以上であり、高度経済成長期に起業し、そのまま事業承継せずに経営者として現役で仕事をしているという状態もよくあります。これは珍しいことではなく、高齢の経営者が後進に道を譲ることができず、まだまだ目を光らせているという状態が日本の中堅・中小企業の大半を占めているのです。

私が実際にコンサルティングでお会いした経営者の中には、最高齢だと80代の方がいらっしゃいましたが、高齢であればあるほど、よほど時代の変化に対応できる方でなければ、RPAの特性を知り、導入するのはなかなか難しいのが正直なところです。ベテラン経営者が先頭で舵取りをしてきた時代と、デジタル活用が必須ともいえる現代では、ビジネス環境が大きく変化しているため、その必要性を実感して理解するのは難しい場合もあるでしょう。

本書をお読みいただいている方の中には、「プライベートな時間を確保したいので、会社の飲み会には参加しません」「ライフワークバランスが大切なので、残業はしません」など、20代の社員の発言がどうにも理解できなかった経験があると思います。それは仕方ないと思いますが、**経営に重要なものの、自分がわからない分野に関しては、積極的に若い人に権限委譲してもよいのかもしれません**。中堅・中小企業では、息子さん・娘さんが30~40代で役員を務めているケースが多くありますが、創業社長が早めに社長職を退いて会長職に収まり、実質的に経営の世代交代をしていくというのも、長期的な事業の継続を考えると重要になってきます。

ホームページなんて作らせない!?

一方で、「俺の目の黒いうちはデジタル化させない！」という過激な経営者もおられます。

私がお付き合いしているとあるお菓子メーカーは、高級デパートなどに出店しており、全国で50店舗以上を展開していますが、検索をかけてもWEBサイトが出てきません。百貨店のサイトは出てきますが、自社のサイトを持っていないのです。

このお菓子メーカーは、職人の技や手仕事の大切さを過剰に重視しているのか、創業経営者がデジタル化に拒否反応を示しており、「ホームページなんて作らせない！」と言います。しかし、サイトがないことで「販売店を調べたい」「就職を検討するために企業情報を得たい」「新たに取引したい」……このようなニーズに対してさまざまな弊害を生んでいるのです。経営者なりの考えがあるとは思いますが、悪影響が生まれてしまう場合もあります。

一代で起業し、成功した経営者の場合、説得自体が難しい場合もありますが、将来にわたって会社を存続させていくのであれば、より近い立場にある家族が意見を伝えて、理解してもらえるように必要性を説いていくしかないでしょう。「IT」といった言葉を使わなくても、「自動的にやってくれる仕組みがある」という話をして、経営者のお子さんが話をしていくのもひとつのコツかもしれません。

03

惜しい!
経営者

トップが担当部門に導入を丸投げする

経営者の方の理解が深まっていくと、RPAは業務を効率化してくれるロボットであり、ITを使った効率化のツールであるといった認識を持っていただけます。

ただ、この「ITのツールである」というのが実は曲者で、大きな企業になればなるほど、「ITのツール」というのは基幹システムや業務システムなど、どちらかというと「全社で取り組むようなシステムである」というのが経営者の認識だったりします。

しかしRPAは、のちほど詳しく述べますが、**事業部門が主導して部分最適で導入することで効果を発揮していくものであり、基本的には現場ごとに必要な個別性の高い業務を自動化していきます**。これはExcelのマクロに似ており、マクロも各事業部門が現場で必要な個別業務を自動化するために作成されます。

一方、基幹システムや業務システムは情報システム部門が主導して全社最適で導入するものであり、全社共通の業務を標準化し、それらをデジタル化していきます。基幹システムや業務システムとRPAは、そもそも対象業務や導入の視点が大きく異なるのです。

しかし、RPAをITツールだと認識した経営者は、「これは情報システム部門の担当だ」と情報システム部門に導入を丸投げします。情報システム部門は事業部門で行っている個別の業務を細かく知っているわけではなく、RPA導入がうまくいかない典型的な例になります。

特に大手・中堅企業で情報システム部門がある場合、経営者はほとんど反射的にRPAの導入を情報システム部門に丸投げします。丸投げされたほうも、「ITツール? それならうちでやらないといけないんだろうな」と会社における役割を果たそうとしますので、悪循環に陥ってしまうのです。

私が話を伺った某大企業では、RPAの導入を情報システム部門が担い、うまく進捗しないという状況に陥っていました。このようなご相談を受け、事業部門が主導して取り組むべきであるという提案をしましたが、情報システム部門の担当者に「事業部門ができるわけがない、現場の人間はITリテラシーが低すぎる」と言われました。RPAは「全体最適」ではなく、「部分最適」で導入することで効果を発揮するため、担当する部門の役割とできることが噛み合わなければ、不幸な事例となってしまいます。

また、のちほどこの章のタイプ08で述べますが、情報システム部門が主導すると、テクニカルなプロダクトを選定してしまい、全社に活用が行き届かないことがよくあります。日本企業の情報システム部門は技術寄りの人材が多く、そうした人材はハイスペックで難しいプロダクトを選定しがちです。しかし、ＲＰＡは事業部門が使いこなしてこそ効果を発揮するため、全社での活用が進まないというジレンマが生じてしまいます。

情報システム部門は自分たちが選定したプロダクトがマッチしていないのにもかかわらず、「現場のＩＴリテラシーがない」と判断し、プロダクトを扱える派遣社員を雇い入れ、各部署に配属させることすらあります。経費を削減するはずのＲＰＡ導入が、余分な人件費を増やしてしまうという本末転倒な事態に陥ってしまうのです。

大手・中堅企業を含め、情報システム部門がある企業は、残念ながら多くの企業で情報システム部門がＲＰＡ導入を主導しています。日本のＲＰＡがうまく機能しない原因はここにもあると考えられます。

丸投げされた担当者が疲弊して行き詰まる

ＲＰＡ導入において、事業部門と情報システム部門の連携は欠かせません。情報システム部門はノータッチではいけませんし、事業部門は導入の主体になることが求められます。その際、やはりリーダーが全体の方針を示さないと動きがバラバラになってしまいます。**少なくとも経**

営者は、ＲＰＡとはどういうもので、どういう効果があって、どのような運用体制がいいのかを押さえておく必要があるのです。

某企業では、「やる気があるから、あいつにやらせよう」と経営者が事業部門に導入を任せました。白羽の矢が立ったのは事業部門、営業管理部の副部長です。しかし、一事業部門に任せただけでは、情報システム部門との調整を円滑にすることができません。

突然降って湧いた仕事を副部長は部下に振ります。担当者は課長職など、現場のキーマンであるケースが多く、通常業務としてすでに複数の業務を抱えています。その担当者がＲＰＡ導入を任されると、休日出勤などで自分の時間を削りながらなんとかこなそうとしますが、徐々に疲弊してしまい、半年後には行き詰まってしまうというケースもあります。

誰かに丸投げした結果、担当者がダウンしてしまい、「やはりこれは難しい、できないのだ」とＲＰＡをあきらめてしまうのは非常にもったいないことです。成功させるためには、全社横断の組織で取り組む必要があります。

04

惜しい!
経営者／事業部門

RPAを「夢のツール」だと思い、難しい業務を自動化しようとして断念

最近はさまざまな媒体でRPAが取り上げられ、広告代理店や金融機関などの大企業で大きな業務効率化を果たした事例を目にする機会が増えてきました。その影響からか、「RPAを活用すると、そんなに大きな効果を得ることができるのか!」「RPAは夢のツールだ!」と考える人がいます。

しかし、先ほどタイプ03でも述べた通り、RPAは基本的に現場ごとに必要な個別性の高い業務を自動化するものであり、あらゆる業務をRPAで自動化できるわけではありません。「RPA導入で年間4000時間を削減した」といった事例を見聞きすれば、「うちもやりたい」と前向きに考えたくなりますし、それ自体はよいことです。しかし、媒体が取り上げる大きな削減効果を示したRPAの導入例は、あくまで予算も人員も潤沢にある大企業の事例であることを理解する必要があります。

「複雑な業務の自動化」は多額の外注費がかかる

RPAについてご相談いただいた企業の経営者や担当者に「どんな業務を任せたいと考えていますか?」とお尋ねすると、「時間がかかっている業務」と異口同音に答えます。たとえば1カ月に2~3日をかけてやっている給与計算の修正など、時間がかかる業務をやらせたい、というご要望です。

なるほど、手間がかかる業務ですから、自動化できれば、大いに助かります。ところが、2~3日も時間を要する業務というのは、その手順が相応に複雑であることがほとんどです。時間がかかるということは業務のパターンは1つではなく、複数の条件分岐や判断、それに伴う異なる処理を行うことを意味します。

そうした業務をRPAで自動化する場合、複雑なプログラミングが必要になってきます。自社内にプログラミングを得意とする技術者がいればよいのですが、たいていの中堅・中小企業にはいないため、外注して専門家にプログラミングしてもらうことになります。つまり、複雑な業務の自動化は、多額の外注費を必要とするのです。

この部分が理解されていないため、不慣れな担当者が大きな難しい業務の自動化に挑戦し、あえなく断念してしまいます。マスコミが取り上げる事例には、「外注費1000万円をかけて専門家にプログラミングを依頼している」とは書いていないので、夢のツールだと思ってしまっても仕方がないと思います。

単純な作業から徐々に広げていくのが最善手

本来、ＲＰＡは細々とした単純な業務を自動化していき、その積み重ねの結果「月１００時間削減できた」といった成果を得るものです。最初から難しい業務を想定したり、膨大な削減目標を設定したりすると、その難易度の高さから、頓挫してしまいがちです。ファイルのダウンロードやコピー&ペーストなど、**単純かつ簡単な作業をまず自動化し、成熟度に応じて自動化対象範囲を徐々に広げていくのが最善手**なのです。

細かな業務を積み重ねた結果、担当者がスキルを得て、条件分岐などを付け加えていき、難易度の高い業務まで任せられるようになったケースもあります。理想的なのは、会社の業務全体を把握している事業部門の担当者が、ＲＰＡの特徴、よさを上手に活用するケースです。そのような人材は情報システム部門ではなく、事業部門に在籍しているものです。

情報システム部門が導入を主導している企業で「わが社ではＲＰＡを導入しているはずなのに、なかなか現場まで情報が下りてこない」と感じている事業部門の方は、「ＲＰＡに興味があって、さまざまな情報収集をしている」「業務改善をしたい」と導入に名乗りを上げてみてはいかがでしょう？　情報システム部門・事業部門といった垣根を越えて、現場担当者が実際に動いていくことで、より事業部門の目線に立ったＲＰＡの導入が実現できるはずです。

このような導入の仕方であれば、ＲＰＡが、誰もが扱えるExcelのような一般的なツールとして、もっと広く使えるようになるのではないでしょうか。

05

惜しい!
事業部門

導入したら何もしなくても業務が自動化されると思っている

タイプ03では、事業部門が主導してRPA導入を進める有効性について述べましたが、事業部門が主導してRPAを導入しているにもかかわらず、業務の自動化が一向に進まない企業もよく目にします。

日々行っている業務をRPAで自動化する場合、RPAソフトウェアに業務の手順を覚えさせる必要があります。たとえば、デスクトップのExcelアイコンをダブルクリックして、C列で部署ごとにフィルターをかけて、対象データを部署の責任者にメール送信する……。このような一つひとつの作業を、RPAソフトウェアに設定していくのです。

設定した1つの業務単位を「シナリオ」と呼びます。事業部門であれ、情報システム部門であれ、シナリオを自社で作成するには、RPAソフトウェアの操作に慣れることが求められます。特にシステムに不慣れな事業部門が主導する場合、導入初期には技術的なキャッチアップの時間を相応に確保しておくことが必要になります。また、シナリオを作成しないと自動化が進まないため、その作成時間も多忙な日常業務の中から捻出しなければなりません。

これらの時間を確保するのは、導入を任された担当者だけの問題ではなく、導入の意思決定者、導入担当者が属する部門の上長も巻き込む必要があるのです。導入担当者は通常業務を兼任していることがほとんどのため、**RPA専任（もしくはそれに準ずる）の役割を与えて、既存の業務を調整しないとRPA導入に時間を取ることができず、浸透していきません。**RPAはライセンス契約をすれば勝手に自動化されるのではなく、自分たちで動かしていく必要があるということです。

ロボットは「新入社員」だと捉える

もしも、RPA導入に際してコスト度外視で数千万円規模の年間予算を確保できるなら、技術者を雇い入れてシナリオを作ってもらうという選択もあります。が、余計なコストはかけたくないというのが経営者の本音でしょう。

それでも外注に依頼した場合、仕事が早い分、コストがかさんでしまうのが最大のデメリットとなります。RPAのシナリオは一度作成して終わりではなく、時間の経過に応じて日々メンテナンスしていくものだからです。RPAのシナリオは基幹システムよりも頻繁に変更されることが多く、「業務手順が変わった」「ファイルのフォーマットが変わった」というだけで変更が必要になります。

「そんなに変更するのか？」と思うかもしれませんが、たとえば「クライアントがメールに添付してくるファイルをダウンロードし、書いてあるリストをコピー&ペーストして受注リスト化する」といった業務があった場合、添付ファイルの形式が変わるというのはよくある話です。それだけでシナリオを変更する必要があります。

また先ごろサポートの切れた「Windows7」から「Windows10」に変更となった場合、アイコンはもちろん、ホーム画面の見た目から変わります。RPAの中には画像認識で処理を行うソフトウェアもあり、その場合は、これまで認識していたアイコンと体裁が変わってしまうために、画像を再キャプチャーする必要が出てきます。

社内の担当者がシナリオを作成していれば、画像の再キャプチャー自体は数分で終了します。一方、外注の場合、業務の変更箇所を伝えて画像の再キャプチャーを実施してもらい、その確認を外注および自社で行って結果を伝える……という複数のステップで数時間のやり取りが発生し、それがコストに跳ね返ってきます。

頻繁な変更に対処するためにいちいち外注するのは、コストが膨れ上がってしまいますし、現実的ではありません。よって、自社でシナリオをメンテナンスができることが大前提となります。そこに時間を割けないのであれば、やはりお金をかけるしかありません。いずれもできない場合、シナリオは増えていかないということになります。

RPAプロダクトのとあるメーカーが次のように言っていました。

「ロボットを社員だと思ってください。しかも新入社員だと思ってください」

なるほど、新入社員に仕事を教える時、ある程度は時間をかけますよね。自分の仕事を新入社員に教えるように、ロボットにはシナリオを用意する時間が必要になります。これはいわば「業務引き継ぎ」の時間なのです。ロボットは1回教えれば、文句も言わず、退職もせずに働いてくれます。

「RPAは最初だけ手のかかる新入社員」――そんなイメージで導入を進めることをお勧めします。

06

惜しい!
事業部門

「リストラされる……」と怯える現場に気遣って導入しない

「自動化」「ＡＩ」というと条件反射で「仕事がなくなるんじゃないか……」と疑問を抱く社員がいます。ＩＴがなければ仕事を進められない現代において、このような考えを抱く人は多くはないように思いますが、ＲＰＡに対して誤った理解をし、危機感を持ってしまう社員も中にはいるようです。

経営者がＲＰＡの必要性を正しく理解し、誤解を持っている社員を説得して導入できればいいのですが、気を遣ってしまい「うちはＲＰＡを使わないから、大丈夫だよ」と言って導入しないケースもあるようです。

このようなケースの場合、経営者、もしくは意思決定者、現場担当者がそれぞれ誤解していることが問題となります。ＲＰＡの本来の目的は、人員を削減するのではなく、現場の効率化を進めて、時間削減により生まれた余力で付加価値を生み出すことです。**リストラが目的でな**

いことを経営者、もしくは意思決定者があらためて現場担当者に説明し、理解を得る必要があるのではないでしょうか。

ただ、絶対にリストラが起こらないかといえば、現場担当者のスキルによっては必ずしもそう言えないこともあるでしょう。RPAがより企業に浸透していけば、たとえば単純なExcelの入力しかできないような社員の場合、将来的に仕事がなくなってしまう可能性は否定できないでしょう。営業職や企画部門などほかの部門での雇用継続は難しく、単純な作業ほどロボット雇用に移行する、この流れは止めようがないと思われます。

気概のある経営者は「雇用を生む」ことを理念としてお持ちの方もいます。RPAが仕事を代替してしまうと、雇用につながらないため、導入を敬遠される方もいるようです。しかし、逆転の発想で、RPAを導入し、それにより空いた1時間を社員の教育に回し、スキルを身につけてもらって、ほかの部門で雇用を継続していくという選択もあるのではないでしょうか。単純作業で労力を費やすよりも、人材育成により会社にとっても、働き手にとってもよい効果を生み出すことが可能です。

07

惜しい! 事業部門／情報システム部門

ツールが自社の運用体制と合っていない

社内でＲＰＡ導入の意思統一を図り、導入意義を整理し、共有できたとします。次にＲＰＡプロダクトの選定に移りますが、この時に「実績ナンバーワン」「大規模な展示会に出展している」といった基準で選んでしまうと、せっかくのプロダクトの性能を活かせないという事態に陥ります。売れているツールであっても、自社に合っていない可能性があるからです。

業務の自動化にはシナリオ作りが必要ですが、シナリオ作成の担い手は「①情報システム部門」「②事業部門」のいずれかになります。ただし、「①情報システム部門」が担当すると、事業部門が自動化したい業務の手順を吸い上げることに膨大な工数がかかるため、結果的にそれ専用の派遣社員を雇ったり、外部のシステム会社に開発を外注したりすることになります。

「①情報システム部門（＋派遣社員／外注先）」が開発を担う場合は、ＩＴリテラシーの高い人材が開発を行うため、開発効率を鑑みてプログラミング仕様のツールを選択することが望ましいと言えます。一方、「②事業部門」が開発を担う場合、システムに不慣れな人材が開発を行うため、極力、直感的にソフトウェアを操作できる素人向けのツールが望ましいとなります。**どのツールが最適であるかは、自社におけるシナリオの開発体制によって異なる**のです。導入社数などの実績や展示会での営業担当者の上手なプレゼンに惑わされず、自社に目を向け、どのような運用体制が現実的であるかをしっかりと見定める必要があります。

なお、私がお勧めしているのは、事業部門がシナリオ開発を主導する運用体制です。業務の特性を知る事業部門がシナリオを作成するため、業務手順をほかの人に伝える時間が不要となり、シナリオ作成が効率化されます。また、情報システム部門は事業部門に丸投げするわけではなく、シナリオファイルの管理、シナリオ作成の申請などを取りまとめます。

ＲＰＡの運用に成功している企業の多くは事業部門がシナリオを作っていますが、シナリオを作る前に情報システム部門に申請を行い、承認されたあと、開発を行います。開発完了後には情報システム部門がシナリオの一元管理を行い、費用対効果がどのくらい出たのかも含めて統制をかける体制が出来上がっているようです。

一方、事業部門が主導することにはデメリットもあります。タイプ05で述べた通り、技術キャッチアップやシナリオ作成に相応の時間を割く必要があるため、ＲＰＡ担当者の上長も巻き込み、シナリオ作成を「正式な業務」として組織内に浸透させることが重要になります。

08

惜しい!
情報システム部門

情報システム部門が高機能で難解なツールを導入する

タイプ03で述べたように、大手・中堅企業の多くは情報システム部門が主導でRPA導入を進めています。日本企業の情報システム部門は、事業部門の業務に精通しておらず、技術的なスキルを持った人員が多くを占めることが一般的です。その業務もシステムの企画ではなく、基幹システムなどの既存システムの安定稼働・メンテナンスが主であることが多いのです。

一方、業務のデジタル化・自動化を推進するため、情報システム部門とは別のデジタル組織を新たに設置する企業が増えています。DX推進室、ICT企画室といった名称で、経営企画部門の所属にするなど、複数の事業部門を取りまとめる役割を担います。この組織は事業部門出身のリーダーなどで組成され、技術的なスキルを持つ人がいないケースもあります。

業務のデジタル化・自動化を進めるには、「経営（ビジネス）」「業務」「IT」の3つの視点が必要ですが、日本企業の情報システム部門の多くは、残念ながら「経営」「業務」の視点が不足しているため、情報システム部門ではない別のデジタル組織を立ち上げる傾向にあるのです。私の会社でRPA導入や業務改革を支援する場面でも、DX推進室からご依頼を受けるケースが増えています。

RPAの導入に成功している企業の多くは、DX推進室が主導して改革を進め、われわれのようなコンサルティング会社や外部のシステム会社からITに関する技術的なアドバイスを受けています。一方、「ITツール＝情報システム部門」という概念から抜け出せない企業は、従来のシステムと同様、情報システム部門がRPA導入を主導して大きな苦労をしています。

情報システム部門主導の問題点のひとつに、より専門的で高機能なツールを選定してしまうことがあります。

先ほどタイプ07でも触れたように、RPAのプロダクトは大きく、技術者向けの「①プログラミング仕様のツール」と、ITリテラシーの高くない事業部門向けの画像認識をメインとした「②GUI（Graphical User Interface）のツール」の2種類があります。

ツール①では、「デスクトップ上のExcelを開け」「WEBブラウザを開いて指定されたURLにアクセスしろ」など、コマンドベースでRPAソフトウェアに指示を与えます。一方、ツール②では、デスクトップ上のExcelのアイコン画像をキャプチャーし、それをダブルクリックするという指示を与えます。

一般的にはツール①のほうが高機能で、プログラミング次第で複雑な処理を実現することが可能ですが、それぞれRPAソフトウェアで準備されているコマンドに限りがあるため、「ツールAは、Outlook（Microsoft社のメールソフトウェア）において多くの操作ができるが、Notes（以前はIBM社の製品だったが、現在はHCL Technologies社製品となったメールソフトウェア）の操作はほとんどできない」など、使用できるソフトウェアが限定されます。

一方、ツール②は、システム環境が変わるとアイコン画像の撮り直しが必要になりますが、現在のソフトウェアはほぼGUI仕様のため、使用できるソフトウェアに制限はありません。

せめて「シナリオのメンテナンス」は事業部門に任せたいが……

情報システム部門に双方のデモをすると、ほとんどの担当者はツール①を選択します。技術者にとって、アイコン画像を一つひとつキャプチャーするのは煩雑だと感じるからです。また、システム環境が変わるたびにアイコン画像の撮り直しが必要なため、ソフトウェアが安定的に動作しないとも感じるのでしょう。そもそも、技術者というのは「専門的で安定稼働するシステムが好き」という傾向にあります。私も昔、プログラミングをしていましたので、その気持ちはよくわかります。

一方で、RPAが対象とする業務を思い出してください。タイプ03で述べた通り、RPAは現場ごとに必要な個別性の高い業務を自動化していくものです。業務の特性や手順を知る事業部門がシナリオ作成を担当することが効果的ですが、ＩＴリテラシーの問題でそれが難しい場合、初回の開発は情報システム部門や外部のシステム会社が担当し、頻繁に発生するシナリオのメンテナンスはせめて事業部門に任せたいものです。

しかし、難解なツールが選定されているばかりに、それが叶いません。**プログラミングの知識や経験を前提とするツールを事業部門が使いこなせるわけがなく、シナリオのメンテナンスまで外部のシステム会社に任せて大幅なコスト増につながっている企業が少なくありません。**また、シナリオを作成する人員やコストが制限されるため、自動化対象業務が限定的になり、全社レベルでの自動化が実現できないケースも多くみられます。

09

惜しい!
情報システム部門

現場からの業務ヒアリングに時間がかかりすぎて一向に進まない

タイプ08にて、情報システム部門が高機能で難解なツールを選定することでRPA導入が進まないケースをご紹介しましたが、それ以外にも、情報システム部門が主導するにあたっての難関があります。

仮に、経営者の指示で情報システム部門がRPA導入の責任部門になったとしましょう。あなたが同部門に所属していたら、どのように導入を進めますか? RPAが対象とするのは現場ごとに必要な個別性の高い業務ですので、まずは事業部門にヒアリングをすると思います。このヒアリングが曲者なのです。

基幹システムを刷新する場合、事業部門に対して同様にヒアリングをかけますが、引合→受注→発注→納品→請求→支払→売上・仕入確定とプロセス全体に対して大局的な視点で業務課題を抽出するため、それほどのヒアリング回数にはなりません。一方、RPA化対象となる業務の手順をヒアリングする場合、「Excelファイルを開いて、どのセルでフィルターをかけて、どのデータをコピーして、どこに貼り付けて……」と作業一つひとつを把握しなくてはならず、ヒアリングに膨大な時間がかかります。

とある大企業では、事業部門の社員1人の5分程度の作業に対して、3〜4時間のヒアリングを要しました。ヒアリング内容をデータ化し、また確認して……という作業を繰り返していたら、1人に対して吸い上げたヒアリング内容は何百ページにもなってしまい、1カ月に2〜3人しかヒアリングできなかったという笑えない事態に陥りました。仕事を効率化させるはずのRPA導入なのに、本末転倒になってしまったのです。

コスト削減どころかムダ金を払うことに……

繰り返すように、RPAは部分最適を図るものなので、業務を知っている人がシナリオの要件を出さないとなかなか前に進みません。情報システム部門はどれが重要なのか判断がつかないのですべてを吸い上げようとしますし、事業部門は聞かれたことには細かく答えようとしますので、あまり必要でない部分までヒアリングすることになります。すると粒度が細かすぎて、かなりの時間を要してしまう……というのは、例に挙げた企業でなくとも普通にあり得る話です。こうした理由から、**情報システム部門主導で進めるには限界がある**のです。

また、非常に手間がかかりますから、普通の会社では、ＲＰＡを必要とする事業部門の社員全員分のシナリオを作ることは到底叶わないのが現実です。情報システム部門だけでは人員がカバーできないため、外注することになりますが、中には特定のＲＰＡプロダクトを扱えるエキスパートを派遣社員として雇い入れる会社もあります。

派遣社員のコストは月に約40〜50万円、年間５００万円以上を支払うことになり、目指していたコスト削減どころか、ムダなお金を使うことになってしまいます。そのお金があるなら、普通の派遣社員を雇ったほうがまださまざまな仕事をこなしてくれると思うのですが、エキスパートは専門分野しかできませんから、コストに見合わない結果になってしまいます。

情報システム部門は自らが主体で導入を進めたゆえに、引くに引けないという部分もあると思います。なんとかこのまま突き進めようという気持ちはわかりますが、解決策としてほかから人材を雇い入れるのは、さすがに本末転倒と言わざるを得ないのではないでしょうか。

現在は、条件分岐や難しい判断を伴う業務は情報システム部門＋外部のシステム会社、比較的単純で定型的な業務は事業部門と、扱う内容によりシナリオ作成の主体者を切り分ける方法も流行しています。自社にとってどう運用するのが効果的か、この本を参考に、その方法をあらためて考えてみてください。

第1章

RPAはどこに、どれだけ、どう使えばいいの?

「惜しいRPA」の例を踏まえて、本章ではRPAの基本的な考え方やその効果、前述した「RPAの導入に重要な3つの視点」などについて解説していきます。

01

RPAってどんなもの？

序章では、ちょっと残念なRPAの失敗例を紹介しましたが、あらためて、RPAとはどのようなもので、何を目的としているのか、解説していきましょう。

RPAとは、PCで行う操作を自動化するソフトウェアのロボットです。「ロボットならなんでもできるだろう」と考える人がいますが、それは間違いです。大原則としては「判断を伴わない、単純な作業」を行うのに適しています。

たとえば「膨大な配送先リストをコピー&ペーストする」「1時間ごとにデータを取得してダウンロードする」といった単純作業です。単純作業といっても、ビジネスの規模が大きくなればその数は膨大になり、業務効率化・生産性向上といった点からもロボットに任せることのメリットは十分にあります。また、手が空いた社員はこれまで単純作業に割かれていた時間を使って、営業活動など「人間でなければできない業務」に注力することができます。

また、数ある会社の業務の中には、ＲＰＡではなく、基幹システムが得意とする分野、人が行ったほうが早い作業ももちろんあります。ＲＰＡは万能ではないのです。

「洗濯機」を例にするとわかるＲＰＡの使いどころ

ひとつ例を挙げましょう。みなさん、ご自宅に洗濯機をお持ちだと思います。私たちが持っている洗濯機は、あくまでも洗う、すすぐ、脱水といった工程を行う機械であり、干す、畳むまでを行う「完全全自動洗濯機」ではありません。実は過去、あるメーカーがそこまで行う洗濯機を発売したことがありましたが、まったくといっていいほど売れませんでした。その理由は、大掛かりな機械で非常に高価格となったせいです。そんなわけで、現在の主流の洗濯機は、脱水までの作業を機械が行い、その後の干す、畳むという作業は人間が行っています。

会社の業務も同じで、すべての作業プロセスをＲＰＡで自動化しようとすると、複雑なプログラミングが必要になり、シナリオの自社開発が難しくなります。**ＲＰＡができることを正しく理解し、ＲＰＡが得意とする作業を抽出して自動化していくことが望ましい**のです。

このようなお話をすると、「じゃあ費用対効果がどれぐらいあるのか？」というご質問をたくさんいただきます。しかし、これに対する明確な答えは出ないことがほとんどです。

たとえば100人規模の会社で、社員の半分が事務員だと仮定して、先ほど説明した単純な業務を集めても、正直それほどの仕事量にはならないのです。それでも作業を担当している社員の年収を時給換算すれば、金額を出せないことはありません。年収600万円の社員の場合、1日に8時間、1カ月に20日勤務するとすれば、600万円÷（8時間×20日×12カ月）＝3125円／時間と換算できますが、単純に「作業をしなくてよい時間＝費用対効果」と決めつけるのは早計です。

そもそも、そのような業務が大量に発生するのかといえば、特に中堅・中小企業ではあまりないと思われます。「いや、うちは月に10万件メールを配信している」というような業務を抱えた企業であれば、RPAではなく基幹システムやクラウドサービスなどの全社システムにて、「全体最適」で実現することを推奨します。

「余力によって何が生み出されるか」こそ重要

RPAが行う業務のレベルは、あくまで「部分最適」です。たとえば、「営業担当者がこれまで自分でやっていた訪問リストの作成を自動化するロボット」。これは、毎朝出社すれば訪問先のリストが出来上がっているので、営業部門の負担軽減となり、効率化につながります。

また、「在庫不足を知らせるメールを24時間監視し、在庫を補充すべき拠点に発注が必要な商品リストを通知するロボット」。これを人間が手作業で行っていると、メールの見落としが起こる可能性もありますし、何より面倒です。

「月に1回しかやらないが、600個のファイルをリネームする（名前をつけ直す）」という作業で負荷がかかっている担当者もいます。

ほかにも、経理部で請求書を発送する業務が月に1回しかないけど、その日に担当者が休んだら経理が滞ってしまい、誰も対応できないという場合もあります。請求書発送のために月に1回しか稼働しないRPAでも、万一のリスクを考えれば、時給で換算した以上の効果を生んでいることは確かです。

図表1　RPAってどんなもの？

特徴	基幹システム	RPA
視点	全体最適	**部分最適**
構築主体	ITベンダー ＋ 情報システム部門	**事業部門**
導入期間	1年以上	**2〜3カ月**
導入費用	数千万円規模	**数百万円規模**
保守性	低い （期間・費用がかかる）	**高い** （期間・費用がかからない）

RPAを紹介するメディアでは、「削減時間の大きな作業」ばかりがクローズアップされます。たとえば「店舗別損益計算書の作成」で月間18時間、年間216時間の削減。「メールマガジンの配信」で月間24時間、年間288時間の削減などなど。一見すると非常に効果が得られそうですが、中堅・中小企業の規模では、そこまでの業務自体がないことがほとんどなのです。

こうした点を踏まえた上で、私が経営者の方々にお伝えしているのは、単に時間が削減されるだけでなく、**「余力によって何が生み出されてくるのか」というRPAの副次的な効果**です。時間を削減したことで、貴重な人材を活かすチャンスを得られることが、実はRPAの優れたメリットなのです。

02 経営者が気づいていないRPAの効果

いかに「RPAは目に見えない、数字に換算できない効果がある」と説明しても、投資に対して具体的な成果を得たいと考えるのが経営者です。「RPAを導入することでどんな成果が得られるのか」という問いかけに対しては、前述したように「営業担当者の時間が10時間増えたなら、ビジネスチャンスが広がるはずです」とお伝えしています。単純な業務削減だけを目指すものでないことを、ここであらためてお伝えしておきます。

実はRPAに限らず、業務のデジタル化を頑なに拒む方も一定数おられます。しかし、近い将来、RPAが浸透し、AIが進化した時、一定のロジックで処理できる仕事はすべてロボットが担当し、人間は「対面営業で信頼関係を築く」「新規事業を考える」「お客さんへのサービスを手厚くする」――このような仕事の住み分けが進んでいく可能性も十分にあるのです。

ＲＰＡの導入で社員の余力が生まれることにより、社員ができることは大きく広がります。それは会社の能力や可能性を最大限に活かすための手段となります。ＲＰＡの導入には、「本来、人はどのような仕事をすべきなのか」という考えが根底にあるのです。ＲＰＡや業務のデジタル化を拒む方には、「将来デジタル化が進むと、人は頭を使わなくなるのではなく、むしろ人間らしい生産性の高い仕事が求められるようになる」と伝えたいところです。

ベテラン経理社員が燃え尽きて辞めてしまった衝撃

また、こうしたことは、社員のモチベーションや離職率にも影響してきます。慢性的に人が足りないせいで知らず知らずのうちに社員に負荷をかけているケースはよく聞かれます。

たとえば、これまで十数年にわたって面倒な業務を手作業でこなしてきたベテラン経理社員が、限界を感じて退職してしまうといったケース。経営者もうすうす気づいてはいたものの、従来通りのやり方を、（故意でないにせよ）変えなかったせいで、社員に負担をかけてしまい、ある日突然に辞職という話になってしまう。

これは問題の放置が招いた結果ですが、頼りにしていた社員に辞められてしまったインパクトはどうでしょう。経営者はもちろんのこと、残された社員もネガティブな感情を持ってしまうのではないでしょうか？　ロボットが代行できる仕事は数多くあるものです。ＲＰＡによって負担を軽減できれば、熟練者が長く働いてくれることにもつながり、結果的に会社の利益となります。

これらのことから、経営者は社員の時間あたりの導入効果を多面的に捉える必要があると思います。**RPAは社員の動ける時間を確保して「攻めの戦略を打つ」こと、そして社員の働き方を見直し、軽減して「地盤を固める」という意味でも効果をもたらす**のです。

RPAには業務を効率化し、従業員の負荷を軽減して、生産性の向上を目指す役割があります。何よりもこれを欲しているのは現場の担当者であるともいえます。しかし現場の担当者に導入を決める権限はありません。いくら欲しいと思っても、導入には高額のコストが必要なイメージがあるため、稟議を上げる前にあきらめてしまうケースもあるようです。

また、話をして経営者が興味を持っても、「導入しているのは大企業だけなんだよね？」「高いよね」という印象から導入をためらうことも多くあります。価格に関しては、従来の年間数百万円というものだけではなく、年間数十万円から百万円程度で導入できるプロダクトも出てきています。RPA導入でプラスの効果が得られるにもかかわらず、価格などの最新情報を知らないままなのは、長い目で見ると損失につながりかねないのではないでしょうか。

03 これから先、RPAを使いこなせる企業に人は集まるようになる

私のクライアントは大企業から中堅企業、数人規模の中小企業などさまざまですが、直接お話をお伺いする中で、RPA導入の実情について見えてくるものがあります。

RPAを先陣切って導入しているのはやはり大企業ですが、中堅企業であっても導入している会社は多くあります。中堅企業でRPAを導入している会社は、年商数十億〜数百億円といった規模の会社が多く、現場ごとに個別の業務が発生する中でそれを自動化するケースが一般的です。

中にはごくごく少人数の中小企業で導入されるケースもあります。たとえば、司法書士事務所など、3人の会社であってもRPAを導入しているケースです。この場合ですと、「人を雇うなら20万円の費用が必要だけど、RPAだと10万円で済むよね」という感覚です。基幹システムやクラウドサービスの代わりにRPAを導入するイメージですね。

ただ、繰り返すように、なんでもRPAが適しているわけではありません。たとえば、会社の規模がさほど大きくない数名から20名程度の企業の場合です。この規模の会社では「X製品であればXのパターンの受注をする」「Y顧客には個別にYの対応をする」といった業務の場合分けが存在せず、全社で1パターンの作業手順で業務をこなしていることが多いでしょう。これは、部分最適が存在しないことを意味しており、業務をデジタル化したいのであれば、全体最適となる基幹システムを導入したほうが、できることの幅が広がります。

「業務に全体最適と部分最適が存在すること」が導入の目安

導入の線引きとなるのは、「全体最適と部分最適が区分けされていること」。つまり、それぞれに求められるものが異なるくらいの事業規模が基準です。社員数50人規模の会社ならRPAを入れてもいいとは思いますが、もしかすると基幹システムでデジタル化したほうが業務効率化の効果は高くなるかもしれません。また、RPAを導入せずとも、Excelフォーマットを統一したり、業務手順の見直しを行ったりするだけで、業務を効率化できることもあります。人数で単純に線引きはできず、業務ごとに複数のクラウドサービスを使っているなら、それらをつなぐ作業としてRPAを活用するなど、ケースバイケースです。実際の事例からみて、会社全体の業務をデジタル化する基幹システムを導入している100人以上の企業では、業務の全体最適と部分最適が存在することが多く、ＲＰＡ導入の効果が期待できるでしょう。

次に業種ですが、ＲＰＡはＰＣで行う操作を自動化するものですので、ホワイトカラーの業務が対象になります。よって、社員のほぼ全員が事務作業を行う業種、たとえば教育業や税理士業、各種行政手続きの代行業などは、社員数が少なくともＲＰＡの効果を享受できる可能性が高いといえます。一方、製造業や建設業、飲食業など、社員の大多数が手作業を伴う業務（ブルーカラーの業務）を行っている場合、社員数が多くてもあまりＲＰＡの出番がないケースもあります。

ロボちゃんが「社員」になる日も近い

さて、新型コロナウイルス感染症の影響は長期にわたることが確実になり、景気動向も正念場を迎えています。日本の人口は右肩下がりですが、業務自体はなかなか減らない一方、より高いサービスレベルを求められ、生き残りも厳しくなっていきます。中長期で考えると、これからの業務は、「ロボットに任せて効率化する」か「外国から人を雇い入れる」という選択を迫られると考えられます。

外国人の労働者はブルーカラーの現場でもうすでに働いています。彼らは今後、ホワイトカラーの分野にも進出してくるでしょうが、言葉やスキル、商習慣の違いなどから、なかなかスムーズに運ばないのが実情です。

その一方、ＡＩをはじめとするＩＴのビジネスへの導入は、間違いなく増えていきます。

その代表がＲＰＡですが、大企業に限った話ではなく、すでにＲＰＡを積極的に導入している中堅・中小企業もあります。

第5章の03項で詳しく述べますが、ＲＰＡのプロダクトには、「サーバー型」と「クライアント型」の2種類があります。サーバー型はＰＣ1台で複数シナリオを同時実行できるもの、クライアント型はＰＣ1台でシナリオを一つずつ逐次実行するものです〈図表2〉。

サーバー型はハイスペックである一方、費用が高く、一部の大企業でしか導入され

図表2　サーバー型とクライアント型

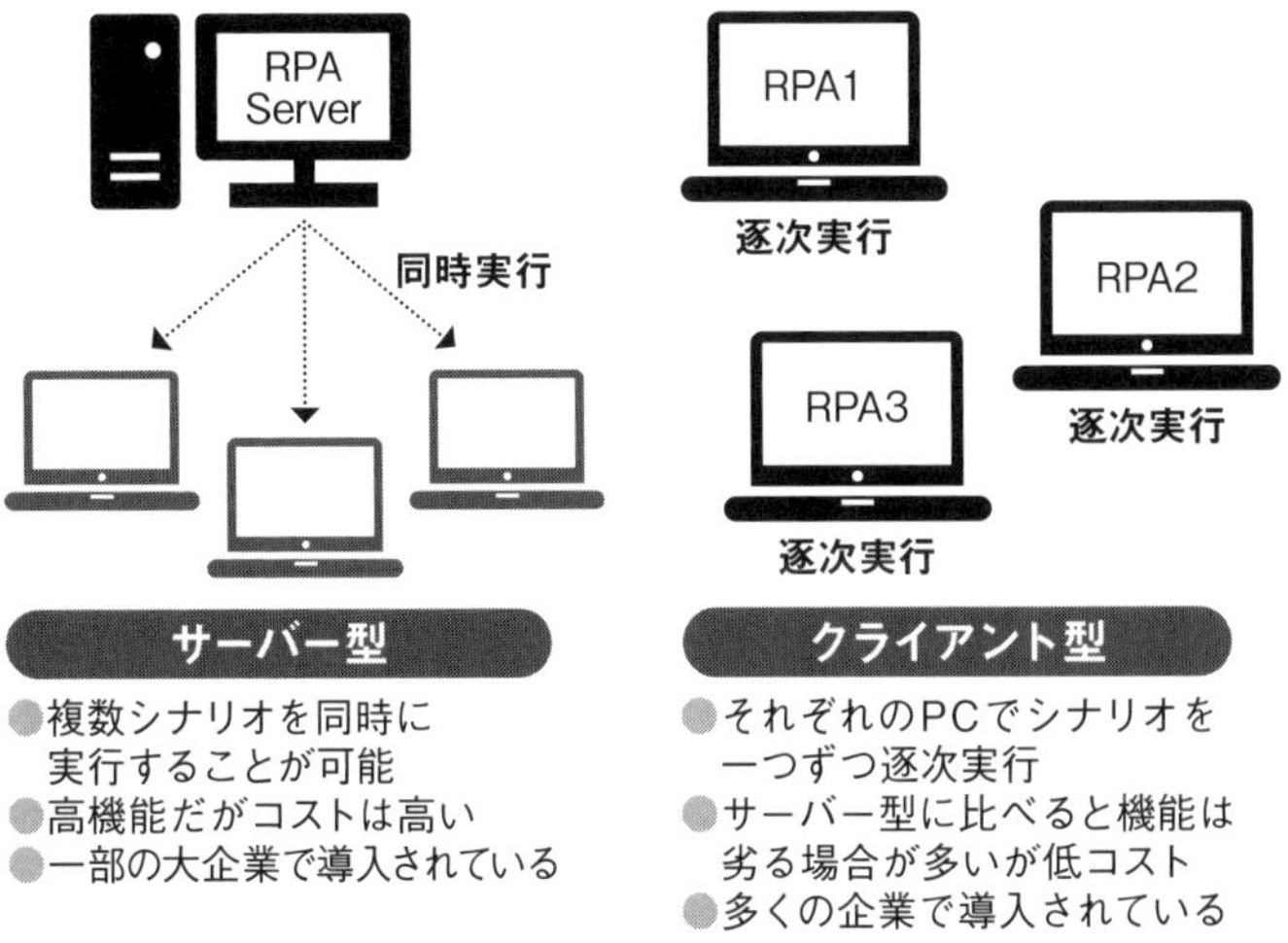
RPA Server
同時実行
RPA1
逐次実行
RPA2
逐次実行
RPA3
逐次実行
サーバー型
●複数シナリオを同時に実行することが可能
●高機能だがコストは高い
●一部の大企業で導入されている
クライアント型
●それぞれのPCでシナリオを一つずつ逐次実行
●サーバー型に比べると機能は劣る場合が多いが低コスト
●多くの企業で導入されている

ていません。クライアント型はサーバー型に比べて費用が安いため、まずは1ライセンス購入してPC1台で稼働させ、シナリオの増加に伴ってライセンスを追加購入していきます。RPAが普及した背景には、クライアント型のプロダクトの台頭があり、多くの企業はクライアント型を利用しています。

クライアント型はロボ専用のPCを1台用意して、そのロボに動いてもらうような感じです。とある社員4人の会社には、5人分のデスクが用意されており、誰も座っていない座席ではPCが1台置かれ、ずっとロボちゃんが動いています。そういう時代が遠からず来ることは間違いなく、「単純作業はロボットに任せる」というやり方がいずれ当たり前になるでしょう。現在の日本で、PCやメールを使っていない会社はもうないと思います。これらと同じように、RPAの利用が一般的になる時代も来るのではないでしょうか。

導入を検討している経営者にRPAを見てもらうと「こういうことは人がやらないでロボットがやる時代が来るんですね」と実感される方が多くいます。

2020年代後半には、人が座っていないPCがたくさん置いてあって、PCが作業しているのが当たり前になっているかもしれません。そして、**いまRPAを使えている会社、使えていない会社には、10年後には大きな差が生まれている**と思われます。

04 ロボットは「育て方」ひとつでグレる

ＲＰＡに関するメディアや記事を読んでいると、「野良ロボット」というキーワードがよく取りざたされます。読んで字のごとく、「野良ネコ」の野良と同じ意味で、ＲＰＡの弊害として指摘されることが多くあります。

「野良ロボ」「野良ロボット」とは、管理不能になったＲＰＡのシナリオが意図しない動作をすることを指します。たとえば、ＲＰＡのシナリオ作成を事業部門に任せてしまい、各事業部門が好き勝手にシナリオを作って、その担当者が退職した結果、それらのシナリオが管理できなくなり、「野良ロボ」として悪さをすることが十分あり得ます。企業はこれを恐れて、情報システム部門主導で導入を進めようと考える、という側面もあります。

では「野良ロボット」がどのような悪さをするか？　たとえば「顧客情報を毎日抜き出して、Excelに書き出し、メールに添付して送信」ということも可能になるのです。もちろんＲＰＡ

が勝手に行うというわけではなく、悪意を持った何者かがシナリオを作らなければ、このような動作は行いません。これは情報漏洩となるケースですが、ほかにも重要な機密データをすべて書き換えてしまうなど、経営の屋台骨が揺らぐようなことにもなりかねません。

大企業はこのような事態を未然に防ぐためにＲＰＡの管理を行っています。具体的には、情報システム部門などに管理を一元化し、シナリオの保管方法、稼働ＰＣ、セキュリティ、実行スケジュールなどを詳細に取り決めていきます。

しかし、情報システム部門が主導してしまうと、序章のタイプ08〜10で述べたように、高機能で難解なツールを導入して事業部門が活用できなかったり、事業部門への業務ヒアリングに膨大な時間がかかって結局シナリオ開発を外注して多額のコストが必要になったりする弊害も生じ、結局は首が回らなくなる事態に陥るのです。中長期的に全社への波及効果を求めるなら事業部門が主導でシナリオを作成するのがいいのですが、痛し痒《かゆ》しで、どちらを選択すべきか、意思決定者は判断を迫られるところです。

「野良ロボット」をどう防げばいいか

私がＲＰＡ導入で関わった際に推奨するのは事業部門主導型ですが、それは主にシナリオの作成・変更といったところ。**導入の全工程にわたって情報システム部門が関与し、全社横断の**

統制をかけるようにしています。

具体的には、事業部門がシナリオを作る際に稟議申請を義務づけます。「〇〇の業務について自動化をするため、△△のシステムにアクセスする」といったように業務手順と対象システムを明記させますが、システムを参照するだけなのか、データの更新も行うのかなど、その操作を詳細に記載します。ほかには事業部門単位でのシナリオの実行スケジュール、シナリオファイルの一元管理など、大本のところでは情報システム部門がしっかり押さえておくという体制です。

情報システム部門が稟議内容をチェックし、承認された場合に開発ライセンスがインストールされたＰＣを貸し出します。それで終わりではなく、シナリオ内に具体的にどのようなステップ（＝コマンド）が含まれるのかをドキュメント化して提出してもらいます。

ＲＰＡプロダクトによっては、シナリオ内のコマンドをＣＳＶ（カンマ区切りファイル）やＷｏｒｄに出力できるものもあります。稟議申請書、シナリオファイル、シナリオコマンドを記したドキュメントをセットで管理することで、シナリオのブラックボックス化、野良ロボットの発生を防ぐのです。さらに、事業部門にシナリオの開発時間と数カ月後の業務削減効果を申告させ、稟議申請の承認基準に反映させている企業もあります。

人間は文句も言うし、休むことも、辞める場合もあり、かつ1日8時間しか働きません。ロボちゃんは文句も言わないし、辞めないし、24時間365日働きます。その一方、人と同じで、ロボちゃんも適切に組織で管理をしなければ、誰かの意のままに好き勝手に動かしてしまうこともできてしまいます。情報漏洩・不正経理・不正アクセス・情報書き換えなど、人ができることはロボちゃんもやれてしまいます。もちろんロボット自体に悪意があるわけではないので、誰かが意図的に覚え込ませればということです。

手をかけないでも働いてくれる反面、管理をしっかりしないと、頼りになる「ロボちゃん」が「野良ロボ」となり、暴走してしまうのです。これは諸刃の剣とも言える避けられないことなので、そのために事業部門と情報システム部門との連携強化、ガバナンスを効かせるなどの対策が急務であるといえます。

05 〈費用対効果〉ITは「コスト」ではなく「投資」

昨今の会社経営で問題視されているのが、この章の02項でも少しふれたように、「信頼していた社歴10年以上のベテラン社員が退職してしまう」という事案です。高齢化という側面もあるかもしれませんが、働き盛りの40代・50代が抜けてしまうのは大きな痛手となります。

この背景には「この人は長年同じ仕事をしているから大丈夫だろう」という、経営側のある種の驕《おご》りがあります。「大丈夫だろう」と思っているのは、経営者をはじめ、プレイヤーとして一線で活躍するライン部門の人間だけで、実はスタッフ部門には大きな負担がかかっていることもあります。

たとえば月末・月初の出納管理など、負荷が一気に大きくなり、多大なストレスを感じている社員がいるかもしれません。思い当たるふしはないでしょうか？

解決策としては、ベテラン社員だからと任せきりにしてしまわず、状況を鑑みつつ、業務改善のメンバーに入れる、本人の希望次第で営業部門や企画部門に配置転換することも時には必要になります。それでは、代わりにルーティーンになっている仕事を誰がやるのか？　それがRPAになります。

大きな2つの効果

たとえばこんなケースです。ベテラン社員のAさんは年収600万円で、B業務をメインにしていますが、毎週ルーティーンでα業務に2時間をとられています。RPA導入によりα業務を任すことができ、月にして8～10時間の削減となりました。

Aさんの給与を時給換算すると、1日に8時間、1カ月に20日勤務するとすれば、600万円÷（8時間×20日×12カ月）＝3125円／時間になり、時給としては約3000円になります。α業務が10時間として、3万円の費用対効果となります。

「なんだ3万円か」と思うかもしれませんが、コスト削減の一方で、Aさんのメイン業務にプラス10時間という貴重な時間が加わることになります。

この「新たに仕事に使える時間」が生み出す効果はひと口には言い表せません。大きな契約を取るかもしれませんし、顧客との強固なエンゲージメントを得て、長きにわたり会社の安定化をもたらすかもしれません。実はRPA導入により経費削減だけではなく、「投資」効果も得られるのです。

　また、もうひとつ大きな効果として、仕事のストレスからくる、うつや体調不良による離職率の増加を防ぐことができます。

　図表3に示すように、ベテラン社員が働き続けてくれる場合と離職する場合を簡単に比較してみても、両者には大きな隔たりがあります。これもＲＰＡ導入の大きな意義となります。

　ＲＰＡ＝時間削減と聞くと、「コスト削減」をイメージされる方が大半だと思いますが、**実際にはこのような投資的側面が大きい**といえます。実はＲＰＡ導入に対して先陣を切っている大企業であっても、「少なくとも数年は費用対効果が見込めない」

図表3　ベテラン離職のダメージは甚大

ベテラン社員が定着して働いてくれる場合

生産性のある業務でやりがいを得ながら、会社の業績にも貢献

ベテラン社員が突然離職した場合

対処療法としての配置転換、それに関わるほかの社員への負担増

新たな社員を採用する場合、採用サイトへの掲載費用が
月30～50万円、経営者や業務リーダーが
面接に割く時間が合計数十時間発生

さらに社員採用後には人材育成が必要になり、
経験なしの社員であればたとえば1日2時間、
月に40時間を3～4カ月間継続して投じることになる

という意見が圧倒的に多いのです。ＲＰＡプロダクトのライセンス費用、運用コスト、教育費用、場合によってはシナリオ開発の外注費用とトータルでみて10年単位でなければペイできないという場合もあるのが実情です。そうはいっても、いまデジタル化の波に乗ることが必要であり、そのためのＲＰＡ導入であるというのが業界の常識となっています。

大企業のＲＰＡ導入はコスト削減ではなく、投資と割り切って、「中長期的にみて利益を生む」という認識です。トヨタのように純利益2兆円のうち５０００億円をＥＶ開発につぎ込めというわけではありません。年間１００万円程度の投資で、さまざまな効果を生むと考えれば、ＲＰＡ導入は正しい選択であると考えられます。

06 〈業務選定〉「全体最適」はいらない。「細切れ」の作業こそやらせなさい

RPAに任せる業務について、「作業手順が決まっている定型業務」という印象を持たれる方が多いようです。それは間違っていないのですが、ただイメージされるのは「経理業務」「勤怠管理業務」という大きな仕事で、細切れの作業をやらせるイメージではありません。

そのせいか、業務に少し複雑な工程が見つかると「この業務はRPA化できない、うちにはRPA化できる業務はない」と判断してしまう経営者も多いのですが、実際にさせるのは細切れの「作業」ですから、経営者が考えるより多くの作業が対象になってきます。

業務を選定する際、気をつけるべきポイントがあります。

◉業務選定のポイント……〝業務〟ではなく〝行動〟に注目する

経営者・意思決定者が「うちには定型業務がない」「判断を必要とする仕事ばかり」というのは、業務を大きなくくりで見すぎているせいかもしれません。たとえば「請求書発行」というのは大きな業務になってしまいます。この場合、「請求書送付先の住所をラベル印刷する」「請求書を印刷する」といった「行動」に注目し、それらを積み上げていくというのがポイントです。

「RPAはハサミである」

RPAプロダクトのとあるメーカーの担当者は「RPAはシステムではない、道具だと思ってください」と言っています。曰く、「システムは裁断機、RPAはハサミである」と。

裁断機は一気にたくさんの紙を切ることができますが、「チラシを切るくらいしかできないかな」というように使い道は限定されます。一方でハサミなら、封筒を切る、穴をあける、カッター替わりにする、メモをちょうどいいサイズに切るなど、いろいろな使い方ができます。RPAをハサミと同じような感覚で活用し、ダウンロード・印刷・メール送信といった「小さな行動」に注目して、任せる仕事を積み上げているのが成功している会社です。

特に事業部門が主導でRPA導入を行っている場合は〝行動〟への注目は必須です。情報システム部門が主導して全社的に導入を進めている大企業は、RPAプロダクトを扱える派遣社員を雇ったり、システム会社にシナリオ開発を一括で外注したりしているため、正直、予算が潤沢にあると言えますが、中堅・中小企業はそうはいきません。情報システム部門が事実上存在しない規模の企業においては、事業部門が主導することが必須になり、ちょこちょこした業務をいかに積み重ねていくかがＲＰＡ成功の鍵になります。

「ＲＰＡの導入によりロボちゃんが社員になる日も近い」と述べましたが、いよいよ会社で存在感を増してくると、人間がやる作業とロボちゃんがやる作業の住み分けがはっきりしてくると考えられます。たとえば大手・中堅企業などで目にするのが「Excelの転記」です。

「Excelの転記作業って、こんなに人が足りない時代に人間がやる作業なのか？」と誰しも心のどこかで感じているのではないでしょうか。仕事の質として、単純作業を人間にやらせるべきなのかと私自身も疑問に感じる点です。

とある60人規模の企業では、経営者が自社の営業担当者について「営業の仕事を勘違いしている。帰社して受発注情報を入力することを仕事だと思っている。それらはすべて事務だ。この点からみると、うちの会社には本当の営業はいない」と評しています。

この経営者は「業務を線引きせよ」ということを言外に述べており、そのために基幹システムの導入を決意しました。当然ながら投資が必要となりますが、営業は本来の仕事に注力できる環境が与えられることになります。

業務選定の留意点としては、「ＲＰＡ導入の目的は、生産性を上げることである」という点を再認識することです。ＲＰＡの導入に悪戦苦闘しているうちに、いつしか生産性を上げる手段としてのＲＰＡが、「ＲＰＡを上手に導入する」という目的にすり替わり、「全社で実施している大きな業務に適用したい」「完璧に動作するシナリオを構築したい」などという願望が生まれます。

しかし結局は、ＲＰＡを導入することで、どのような形であれ、生産性が上がればよいのです。「日々の面倒な作業を軽減したい」という点にフォーカスし、ＲＰＡは使える業務で使えばいい話です。なんにでも使える聖杯ではないため、この点を念頭に置きながら、細切れの作業に注目して、ＲＰＡ化の対象となる業務をひとつでも多く見つけていくことをお勧めします。

07 〈運用体制〉失敗は「導入の前」に決まっている

費用に対して、「高額」という印象を特に経営者は抱いてしまいがちとお伝えしましたが、使い方や運用の仕方についても、「難しいらしい」「使いこなすのが大変らしい」といった思い込みを抱く方も多いようです。

また、運用体制がなかなか定まらず、結局「ITの分野だから」という理由で「情報システム部門」もしくは「PCに詳しい人」が「導入しなくてはならない」という思い込みへとつながります。

では、実際のところ、情報システム部門やPCに詳しい人は、事業部門の仕事に精通しているでしょうか？　すでに述べたように、実際にはそのような期待はできず、情報システム部門主導で導入すると、事業部門にヒアリングするところから始まるため、「やっているけどなかなか前に進まない」という困った事態になりかねません。

日本のデジタル人材はシステム会社に偏りすぎている

一方で、事業部門が主導すれば100%うまくいくかといえば、これもそうとは言い切れません。日本企業の事業部門にはデジタル人材が不足しており、全体にITリテラシーが低い状態になっています。デジタル人材に関する調査によると、日本におけるデジタル人材の分布は、人材全体を10とすると、事業会社：システム会社＝3：7であるとのこと。しかし、IT先進国である米国は、事業会社：システム会社＝7：3とまったく逆です。

日本では、デジタル人材がいかにシステム会社に偏っているかがわかります。システム会社は個別企業の業務について明るくなく、その人材が事業会社に移っても、多くは情報システム部門に配属されるため、事業部門にITリテラシーが伝播しにくいという構造にあります。

日本企業の事業部門では、RPAを導入したくても稟議の上げ方がわからないというところでつまずくことも多く、「どうやってこのプロジェクトに予算をつければいいのか」というところまで想像できず、情報システム部門が主導してしまう場合があります。結果、事業部門はITツール導入経験を積めず、デジタルスキルも足りないまま、という悪循環があります。

その事業部門の中で、少しだけ詳しい人が急に担当にされ、導入がなかなかうまくいかないというケースも見受けられます。**導入前に運用体制をしっかり作り上げることが重要**なのです。

08

〈事例〉成功している会社が使っているのはこんなロボちゃん

新しい技術やサービスを早くから取り入れて成功している企業は、**その実現性や効果などを測定する「実証実験＝ＰｏＣ（Proof of Concept）」を積極的に行う**という傾向があります。

ＲＰＡに限らず、成功する企業は「まずやってみる」という姿勢を持っているというのが私の持論です。検証段階に費用を払い、トライアルを行う。特に大企業はそのような姿勢を持つ企業が多くあります。中堅・中小企業の場合は、どうしても目先の費用に捉われがちですが、トライアルフェーズをもっとやろうと思うと、ＲＰＡに限らず、ほかのＩＴツールの場合も、「3年間で予算500万円」といったまとまった費用が必要となります。なかなか踏み出せない理由はここにもありそうです。

なお、前述のようにＲＰＡにはサーバー型とクライアント型がありますが、後者であれば月額契約もできるので、まずは試してみて、万一業務に合わなければ解約することも可能です。

日本の企業でＲＰＡ導入が難航する「意外な理由」

ＲＰＡ導入の成功例には、欧米の企業に学ぶところも多くあります。欧米の企業には、業務全体を監督する「プロセスオーナー」という役割が存在します。現場が個別に業務手順を決めるのではなく、プロセスオーナーが全社的な視点に照らして業務の必要性を判断します。ＲＰＡ導入に際しても、プロセスオーナーが自動化する業務に線引きをします。

日本企業は大企業であっても、事業部門において個別に対応してしまうことが非常に多いのが特徴です。たとえば、基幹システムからダウンロードした請求書の書式を変え、Ａ社用・Ｂ社用と個別カスタマイズを加えてしまうことが挙げられます。欧米企業でこれをやると、現場はプロセスオーナーに「Ａ社用の請求書を作ることで、会社にどんなメリットがあるのか？」と問われます。

顧客によって請求書のフォーマットを変更することで、感覚的な満足度は上がるかもしれませんが、それが売上に貢献することは稀でしょう。明確なメリットがなければそれは却下され「会社に貢献しない作業は不要。標準フォーマットで行いなさい」と指示されます。

日本式で仕事をしていくと、ＲＰＡで自動化しなくてはならない作業が大量に発生します。これはシナリオ作りに時間を取られることを意味し、大変な労力になります。プロセスオーナーが取り仕切る欧米企業では、シナリオは限定されるため、ＲＰＡ導入がスムーズにできているのです。

実はＲＰＡに限らず、日本は基幹システムもカスタマイズだらけです。これは日本人ならではの「おもてなし精神」の表れであり、**個々に丁寧に対応してあげようという親切心から、業務の個別化や属人化が進んで標準化が難しくなっている結果**といえます。逆にこの点をクリアできている企業は、上手にＲＰＡ導入ができるといえるでしょう。

ナレッジを社内で共有する

また、ＲＰＡのナレッジをうまく共有しているのも、成功する企業の特徴です。Ｒ

図表4　日本企業ではRPA導入が難航する!?

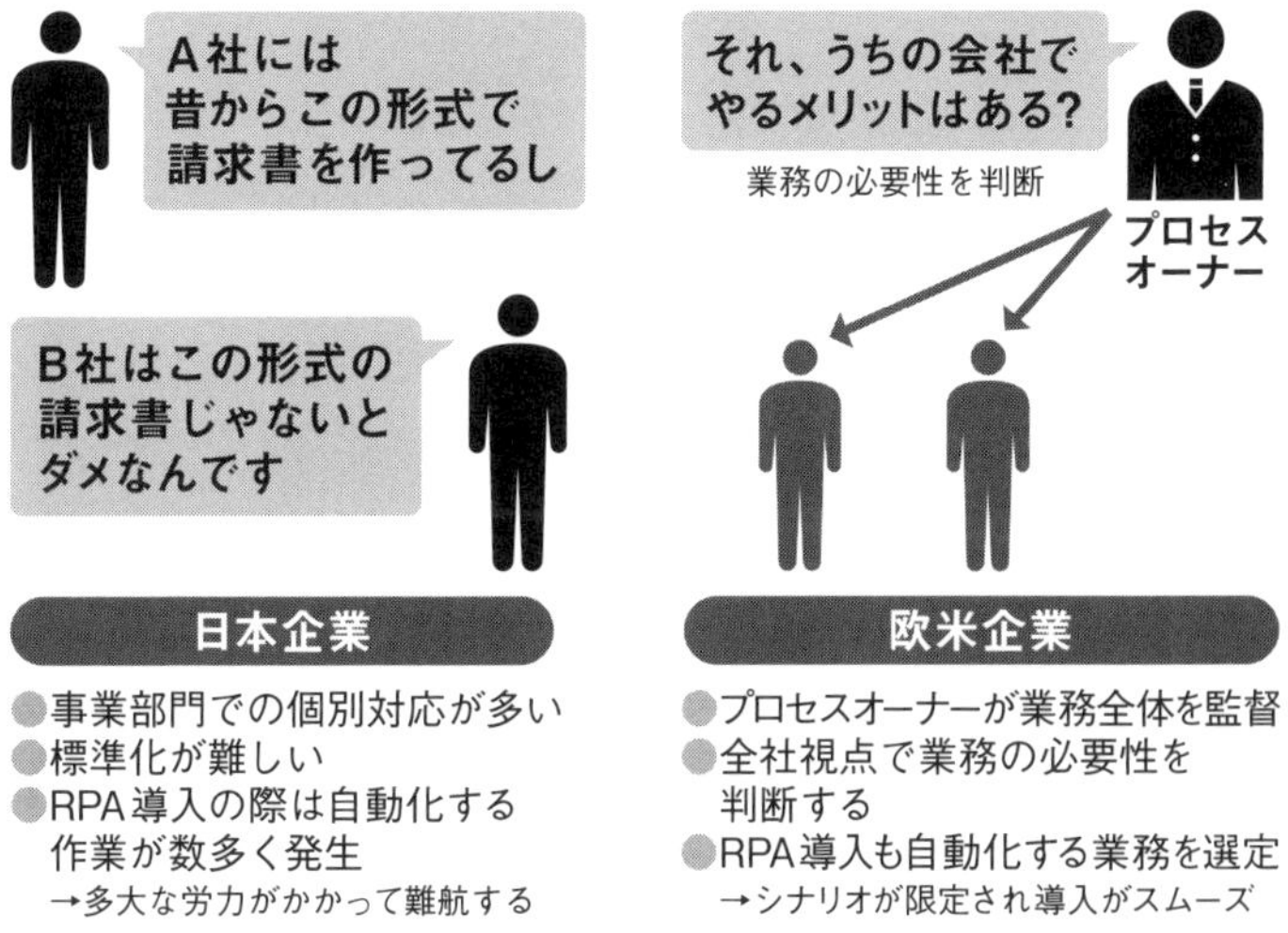
A社には
昔からこの形式で
請求書を作ってるし
B社はこの形式の
請求書じゃないと
ダメなんです
それ、うちの会社で
やるメリットはある？
業務の必要性を判断
プロセス
オーナー
日本企業
●事業部門での個別対応が多い
●標準化が難しい
●RPA導入の際は自動化する
作業が数多く発生
→多大な労力がかかって難航する
欧米企業
●プロセスオーナーが業務全体を監督
●全社視点で業務の必要性を
判断する
●RPA導入も自動化する業務を選定
→シナリオが限定され導入がスムーズ

PAであれば、ナレッジ共有は容易に実現できます。

たとえばクライアント型のライセンスをPC Aで稼働させていたところ、ライセンスを追加購入して、PC Bにもインストールしたとします。基幹システムにログインできるパーツをPC Aが持っていたなら、PC Bに「シナリオファイル」という形ですぐに受け渡すことができます。これが人間であれば、Aさんの業務をBさんに教え込むのは大変だと思いますが、PC Aの業務をPC Bにやらせるのは、コピーすればいいだけなので簡単なのです。

つまり「基幹システムにログインして今週の売上を計算してCSVでダウンロードする」といったシナリオは、A支店でもB支店でもそのままコピーすれば使うことができます。

RPA導入企業では、シナリオの共有会を開催し、社員が作ったシナリオを1週間〜1カ月に1回披露して、ほかの社員がそれを自分のシナリオに活かす、ということもしています。RPAの根底にあるのは、プログラミングの基本の考え方です。プログラミングには「コンポーネント（＝共通部品）を活用する」という概念がありますが、RPAもちょっとしたプログラミングなので、ほかの人が開発したシナリオの一部をコンポーネント化し、それを複数人で流用することで、開発効率を上げることが可能です。

09 代表的なRPAプロダクト

ここでは、市場シェアを獲得している主要3プロダクト（①～③）に加えて、注目の2プロダクト（④⑤）を紹介します（第5章02項でも詳述します）。

①BizRobo

https://rpa-technologies.com/

近年マザーズに上場した、RPAテクノロジーズ社が作ったプロダクトです。同社は日本製のRPAを作った草分け的な企業といわれており、一般社団法人日本RPA協会の設立にも関わっています。BizRoboの日本国内での導入数は増加しており、2200社を超えているとのこと。

サーバー型が基本で、ライセンス費用はライセンス10ID分で年720万円（実際は月60万円ですが、年間契約が条件）と高価なため、大企業などに導入が限られていました。現在は価格を抑えたクライアント型の製品も出てきており、バリエーションは増加傾向にあります。操作インターフェースはプログラミング仕様であり、シナリオ開発をシステム会社に外注する運用が主流です。

②UiPath

https://www.uipath.com/ja/

UiPath社が手掛ける世界的にシェアを獲得している製品であり、世界で３７００社以上、日本国内で１５００社以上の導入実績があります。英語版はフル機能、日本語版は機能が限定されています。サーバー型もありますが、クライアント型が主流です。

操作インターフェースはプログラミング仕様となっており、少なくともマクロ作成レベルのスキルが必要になります。一般的なプログラマーの開発環境に近く、Microsoft社「.NET Framework」のインターフェースに似ているため、技術者からの評価が高いプロダクトです。また、シナリオ開発をシステム会社に外注する運用が主流です。ライセンス費用は販売代理店によって異なりますが、開発用のライセンス※が年30～60万円、実行用のライセンス※が年15～75万円程度です。

※開発用とはシナリオの開発環境が含まれたライセンスで、実行環境を含んでいます。一方、実行用とはシナリオの実行環境のみが含まれたライセンスです。RPA導入初期には開発用ライセンスを1つ購入して開発および実行を行い、シナリオが増えて同時に複数稼働させたい場合に実行用ライセンスを追加購入します。

③WinActor

https://winactor.biz/

NTTアドバンステクノロジ社が手掛ける日本製品で、日本国内の導入実績は6000社以上と人気の高いプロダクトです。大企業や官公庁がこぞって導入していることから、中堅・中小企業もこちらを導入する傾向が強くあります。サーバー型もありますがクライアント型が主流で、誰でも使えるというのが謳い文句です。実際に事業部門が主導で導入する際に最も選ばれるプロダクトでもあります。

しかし、操作インターフェースはプログラミング仕様、シナリオを作成するにはフローチャートや条件分岐などのプログラミングへの理解が必要となり、マクロが作成できるレベルでないとそう簡単には扱えないのが難点です。導入企業の多くは、「WinActor SE」と呼ばれる派遣社員を雇ったり、システム会社に外注したりしてシナリオを作成しています。ライセンス費用は販売代理店によって異なりますが、開発用のライセンスが年90万8000円、実行用のライセンスが年24万8000円です。

④Robo-Pat DX

https://fce-pat.co.jp/

FCEプロセス&テクノロジー社が手掛ける日本製品で、クライアント型のみの販売です。日本国内の導入実績は750社と右肩上がりで増加中であり、日本マーケティングリサーチ機構社の調査において「初心者でも導入が簡単だと思うRPA」「導入時のサポート満足度が高いと思うRPA」「取引先に勧めたいと思うRPA」の3部門で2019年度から2021年度まで3年連続で第1位に選ばれるなど、シナリオ作成の容易さに定評があるプロダクトです。

画像認識で実行させるタイプで、操作インターフェースはGUI仕様になっています。シナリオ開発を行う際は、画面上のアイコン画像をキャプチャーし、たとえばそれをダブルクリックするという指示を与えるため、一般事務の社員であっても直感的に使うことができます。そのためPC操作レベルのスキルがあれば、シナリオ設定することが可能です。コマンドを指定する上級モードもありますが、それを活用せずともかなりの作業を自動化できます。

ライセンス費用は開発用のライセンスが月12万円、実行用のライセンスが月4万円です。ほかのプロダクトと比較してやや高価ですが、導入に必要な技術サポートやセミナー参加がすべて無料で提供されており、シナリオ作成の外注費用がかからないため、運用費用も加味したトータルコストを考えると割安といえます。また、月単位でのライセンス契約が可能で、ＰｏＣのために６カ月だけ契約する、決算期などの業務繁忙期だけライセンス数を増加させるなど、柔軟な利用が可能です。

⑤エウロパ

https://www.nskint.co.jp/business/package/eorpa/

ＲＰＡ導入に際し、「シナリオ作成に人員を割けない」という声は多くの企業から挙がる悩みです。そこに注目し、シナリオ作成を完全外注するＲＰＡが登場しています。エウロパは受託開発で歴史のある日本システム開発社が手掛けるプロダクトで、開発用のライセンス提供がありません。シナリオが必要な場合、日本システム開発社にその作成を外注する運用です。

シナリオ開発費用は、小規模で20～30万円、中規模で50～60万円、大規模で80～１００万円となり、シナリオ数が相応数あると割高になります。中小企業で特定の作業のみをＲＰＡ化したい場合に向いています。ライセンス費用は、実行用のライセンスが年15万円です。

第2章

「費用対効果」のウソ
——どこをどう考えて導入するのがいいか？

ここからは、章ごとに「費用対効果」「業務選定」「運用体制」の３つの視点について深掘りしていきます。まずは「費用対効果」をどう捉えればよいかについて考えていきます。

01 費用対効果あるある「よかれと思ってやってたら実はダメだった」

人気の「WinActor」ですが、年間90万8000円というコストは、そこそこの企業であれば十分にまかなえる金額だと思います。ただし、難易度の高さからシナリオ作成を外注するか、専門の派遣社員を入れるかとなった場合、別途コストが発生します。また、自社開発を行う場合でも技術研修の受講が必要で、たとえば大手代理店のサービスでは、1日の基礎編で40万円、1日の応用編で50万円となるため、想定以上にコストがかさむこともあり得ます。

ライセンス費用だけであれば安いと認識してしまいますが、技術サポート費用という付加的な費用もトータルで考えた時、かなり高くつくことになります。

「ライセンス費用」「初期費用」だけでなく全体の出費を見る

ここだけの話ですが、「WinActor」には多くの代理店が関わっています。そのほとんどが実はシステム会社なのです。業界的には「WinActorを入れる＝開発サポートが発生する」という図式が出来上がっているため、システム会社からすれば、購入していただいたお客様に、次はSEを派遣できるという狙いがあるわけです。長期間にわたり、「シナリオ作成代行」「教育」を請け負うことは、非常に手堅いビジネスとなります。代理店間の競争が激しいため、値引きも行われていますが、**手ごろなライセンス費用を魅力に感じて導入すると、結局は出費が多くなってしまうこともあり得ます**。

新規参入のプロダクトの中には、「初期費用0円」を謳うものもあります。これも「WinActor」と同様に、SEを派遣する、技術研修を請け負うなど、別に収益のルートができていると考えるほうが自然です。中にはサポートするだけで10万円、派遣契約で月に60万円というケースもあります。技術研修サポートフォロー、シナリオ作成代行、技術サポートというところです。

実際に派遣社員の求人を見ても、「WinActor SE」は東京で時給2000～2500円と好待遇です。これは派遣社員がもらえる金額ですから、派遣会社に支払う金額はさらに増えることになります。

02

費用対効果に関するそもそもの話

導入費用についてですが、各プロダクトの費用をあらためて比較してみます〈図表5〉。これらは目に見えて発生してくる費用ですが、見えない部分として、技術キャッチアップのための社内工数も発生してきます。

社内工数のほか、メーカーや販売代理店が主催する技術研修を受講する必要があり、前述のように「WinActor」の場合、1日で40～50万円などとなります。社内に教育を行わないということであれば、派遣社員を入れるなど別途費用が発生しますが、「WinActor SE」の場合、企業が支払う費用は東京で月40～50万円が目安です。

それなりのコストが発生するＲＰＡですが、これらの費用に対してどれだけペイできるのか？　実際に行う業務は図表６のような内容になります。

図表5　代表的なプロダクトの導入費用

①BizRobo（サーバー型）

ライセンス費用
▶720万円／年
技術サポート費用
▶数百万円～数千万円

②UiPath（クライアント型）

ライセンス費用
▶開発用30～60万円／年、
実行用15～75万円／年
技術サポート費用
▶数百万円～

③WinActor（クライアント型）

ライセンス費用
▶開発用90万 8000円／年、
実行用24万 8000円／年
技術サポート費用
▶数百万円～

④Robo-Pat DX（クライアント型）

ライセンス費用
▶開発用12万円／月、
実行用4万円／月
技術サポート費用
▶0円（有料プランあり）

図表6　RPA化対象業務の例

経理部門

▶**作業名**：請求書取得　▶**工程**：基幹システムにログイン、請求書ダウンロード、メール送信　▶**月間工数**：8時間程度　▶**1回の工数**：1件5分、取引先100社で合計8時間程度　▶**頻度**：月1回

営業部門

▶**作業名**：管理表の数値取りまとめ　▶**工程**：ログイン、Excelにコピー&ペースト・集計　▶**月間工数**：4時間程度　▶**1回の工数**：1時間程度　▶**頻度**：週1回

営業事務

▶**作業名**：問い合わせ対応　▶**工程**：メール受信、ログイン、資料添付、メール送信　▶**月間工数**：5時間程度　▶**1回の工数**：15分程度　▶**頻度**：毎日

例を挙げてみましたが、対象業務はこういった細かな作業の積み重ねになります。私が過去に手掛けた導入支援では、1カ月で2つのシナリオを完成させ、対象業務をやる人が年収600万円、時給3000円として費用換算すると、月6000円と月2万4000円の作業になりました。合計で月3万円となります。その後、他部門にもシナリオ作成を依頼し、半年間で20程度のシナリオが出来上がりましたが、すべてを合計しても月11万円程度でした。半年後から費用削減効果が発生すると仮定し、主要プロダクトの年間費用が100万円前後であることを考えれば、導入1年ではまずペイできないということになります。

この事例は、シナリオ作成の容易さに定評がある「Robo-Pat DX」を利用し、事業部門も積極的に開発に関わってくれたため、早期にシナリオ数が増えましたが、「WinActor」を導入している企業では1年経ってもシナリオが1~2個しかできないという話はざらであるため、感覚としては5年ぐらいペイしないのではないかと思います。年間数万円のプロダクトでない限り、1年程度の短期間で費用対効果が現れるものではありません。

「削減時間」だけを見ていては本質を見失う

では「費用対効果が得られないからRPAを導入しないのか?」というのはまた別の話になります。削減された時間を時給換算し、そこのみに着目するのではなく、前述したように「空

いた時間に何をさせるか？」というところがポイントになってきます。

たとえば営業を担当しているAさんが、チームを代表して「コピー&ペーストで営業先のリストを作成している」「毎週売上集計を手動でしている」「競合他社数十社の価格を調べて表にしている」といった作業をしていた時、判断の入らない単純作業でありながら、そこには作業時間が発生し、Aさんの勤務時間を占めていくわけです。

これらの作業をロボットに任せることができれば、1カ月で10時間が空くかもしれません。10時間あれば営業先に複数回訪問でき、契約を取れるかもしれません。

あるいは事務の方の場合に「月に一度、

図表7　効果は「削減時間」だけにあらず

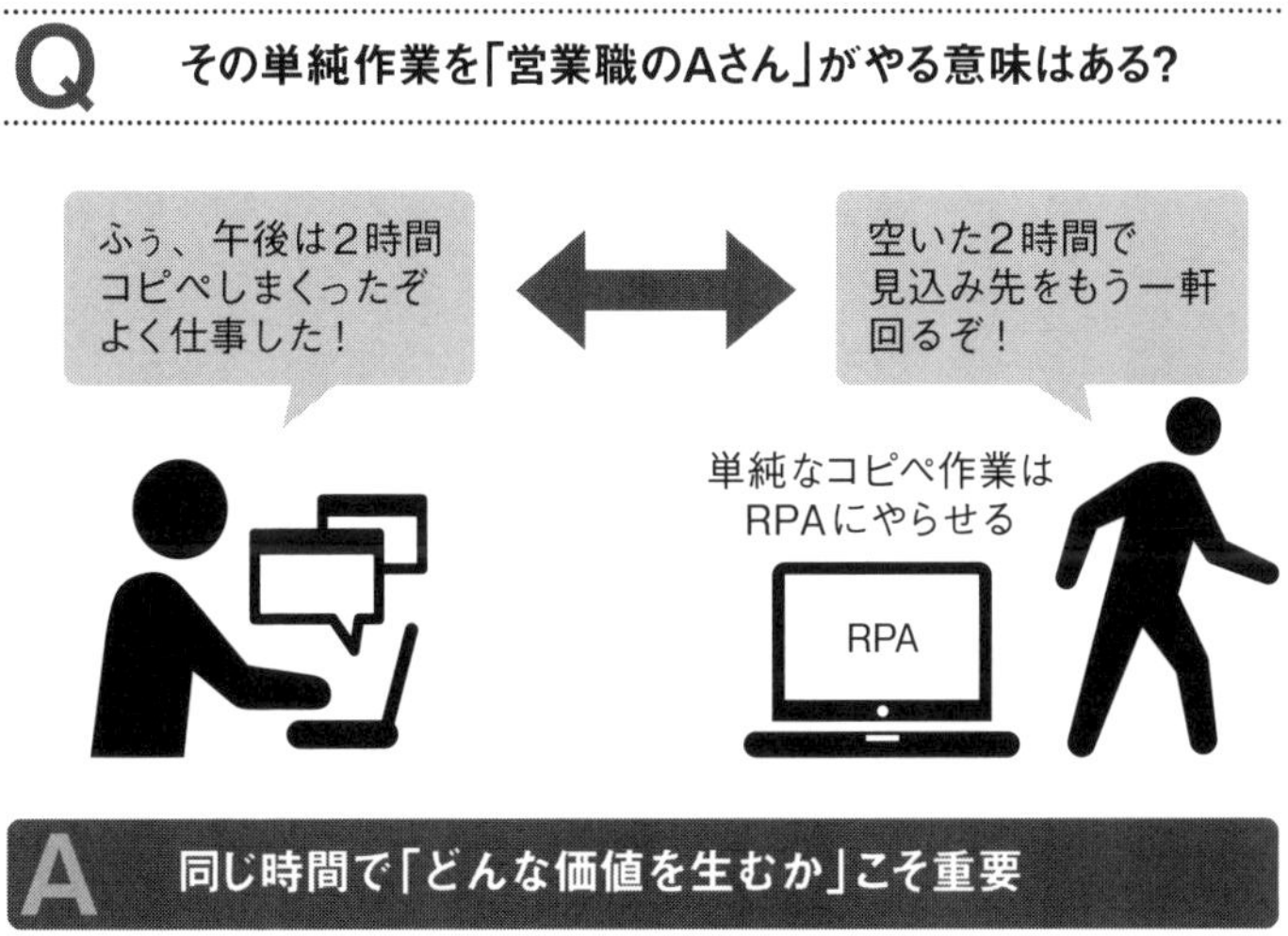
Q
その単純作業を「営業職のAさん」がやる意味はある?
ふぅ、午後は2時間
コピペしまくったぞ
よく仕事した！
空いた2時間で
見込み先をもう一軒
回るぞ！
単純なコピペ作業は
RPAにやらせる
RPA
A
同じ時間で「どんな価値を生むか」こそ重要

必ず請求書を発行する作業」があるとします。その人がいなければ、業務が滞ってしまうため、責任感から大きなストレスがかかっているという場合もあり得ます。もしもこの方が辞めてしまえば、代わりの担当者を雇うのにいくら必要になるのか、おそらくRPA導入にかかる費用以上に負担が発生してきます。

「単純に金額で推し量るものではない」――それにいかに気づくかが、RPA導入のポイントとなります。費用対効果に対しては、このお話をすると、「入れるべきですね」という経営者と、「ペイできないなら入れない」という経営者に分かれます。

03 単純作業を人にさせることはどうなのか?

RPA導入は即座に費用対効果が出るものではないので、単純に「コストを削りたい」というだけのニーズにはマッチしません。「業務を拡大したい」「社員の時間を有効活用したい」という投資的なニーズであれば、単純作業をロボットに任せられるので、十分にメリットを感じられると思います。これは経営者側の考えですが、実は社員にとっても、相応の効果を生み出します。たとえば、次のような事例があります。

飲食店を支援するクラウドサービスを運営するA社では、顧客ごとに目標を設定し、それに対する進捗率を提示しています。顧客を数百件以上抱えていることで、担当者は日々3時間を売上の確認と進捗率の計算に費やしていました。この作業をRPAで完全に自動化したことで、顧客からの問い合わせ、ほかのプロジェクトの企画立案に時間を使うことが可能になりました。

社員にとっては、単純な計算作業よりも、自分の力を発揮できる領域であり、自身の評価につながるという側面もあり、モチベーションが大きく変わったようです。

通販サイトでネットショップを運営するB社では、自社製品の在庫をサイトに反映させる必要がありました。B社は在庫製品の点数が非常に多く、営業日の午前中は在庫確認とサイトへの反映作業にほとんどの時間を取られてしまっているのが現状です。ここでRPAによる自動化を行うことで、在庫の管理とネットショップへの反映はすべて自動で行うことが可能になりました。

また受注メールを定型化し、こちらも受注〜発送フローを自動化。受注・入金・発送と完全自動で行えるシステムが出来上がっています。これまで就業時間の大半をこの作業にあてていた担当者は、新たに商品開発の提案などを行い、仕事へのやりがいもアップしています。

給与が高い人ほどコピー&ペースト作業をしている

2つの事例ともに**社員のやりがい獲得、スキルアップという観点からみても効果があり、仕事のモチベーション向上に直結するもの**です。

また、人材マネジメントの観点からみても、より有効な人材育成・配置転換につながるでしょう。単純な計算作業・転記作業・コピー&ペースト作業を積み重ねて、スピードが1・5倍になったとしても、単純作業を行うだけの人員となってしまい、会社の業績アップに貢献できるような部門に配置ができないのですから。

余談ですが、このようなコピー&ペースト作業は、特に大企業に多いので驚かされます。理由はシステムが多岐にわたって点在しているから、ということなのですが、人事部としては、報告書の転記作業、データ集計といった単純業務はできるだけ自動化して、その人なりのスキルを活かした業務で力を発揮して欲しいのではないでしょうか。人手不足の時代であり、会社で長く活躍してくれる人材の育成が急務なだけに、手をこまねいているわけにはいかないと思います。

もうひとつ、私が見てきた傾向では、役職を持った人材がコピー&ペーストをすることが多いなと実感しています。たとえば、営業統括・人事・経理といった部門で他部門同士の情報をつなぐ人。または基幹システムから売上データをダウンロードしてExcelにコピー&ペーストし、役員会議に提出する売上報告書をひたすら作っているような中間管理職です。

実はこのコピー&ペースト作業は、給与単価が高い人ほどやっている可能性が高く、仕事の内容と給与が見合わない問題が発生しています。あなたの会社でも、一定の権限を持っている人、支店長、営業統括の中間管理職などが、一生懸命にコピー&ペーストをしていませんか？一度、社内のこうした点を見直してみてもいいかもしれません。

04

実際にかかるコストの一例

「ロボットが当たり前のようにオフィスで仕事をしている」――そんな未来は遠からずやってくるでしょう。いずれ、社員を雇うか、ロボットを雇うか、どちらかの選択を迫られる日がくるかもしれません。となれば、将来に備えて、ロボットの導入費用と社員の採用コストは同列に考えてもいいのではないでしょうか。

人材を新たに採用した場合、ロボットを採用した場合、それぞれどのようにコストが発生するか、またいくらぐらいになるのか、概算で計算してみました〈図表8〉。

これらはざっと計算した概算コストとなります。社員を雇う場合には、採用しなかった場合でも、最低でも30万円程度のコストが発生し、採用となれば100万円程度が必要となります。もし、重役や社長が面接するとなればコストはさらにアップするでしょう。

これに加えて、当然ながら社員の給与として年間400~600万円のコストが発生します。正社員以外の雇用形態、たとえば派遣社員という場合には、社員が受け取る給与が20万円程度であっても、派遣会社に支払う金額はおよそ1・5倍。結局は年間で350万円程度は必要になります。また、社員は何がきっかけで退職するかわかりません。手塩にかけて育てたのに、成長したころに転職してしまい、また募集・採用からスタートというのは、特に珍しくない話です。

一方、RPAの初期費用は、プロダクトによりまちまちです。導入当初の金額、ライセンス費用は主要プロダクトで100万

図表8　社員を雇うか、ロボットを雇うか？

社員を雇う

求人広告掲載コスト：**月30～50万円**

面接コスト※1：**1時間3000円 × 2時間 × 3回 × 5人 ＝ 9万円**

入社手続きコスト：**1時間2000円 × 10時間 ＝ 2万円**

研修・教育コスト：

研修受講10万円 ＋ OJT 1時間3,000円 × 40時間 × 4カ月 ＝ 58万円

給与：**年400～600万円**　退職リスク：**∞**

※1　人事課長以上のクラスが、1人を採用する過程で5人と3回ずつ面接すると仮定

ロボットを雇う※2

ライセンス契約：**年144万円**　技術サポート費用：**0円**

技術キャッチアップ時間：

1時間3,000円 × 1時間 × 20日 ＝ 6万円（初月のみ）

シナリオ作成費用：**1時間3000円 × 3時間 × 年30シナリオ ＝ 年27万円**

退職リスク：**ゼロ**

※2「Robo-Pat DX」を採用し、自社でシナリオ開発を行った場合

円程度ですが、すでに述べたように、最近はもっと安いプロダクト、中には「無料」を謳うプロダクトも登場してきています。

しかし、初期費用の高さに驚かれて「ロボットにこんなに払えないよ」という経営者もいます。そんな方に対して、私は「ＲＰＡは一生懸命に働く新入社員です。しかもミスをしません」とお伝えしています。

ロボットの「採用コスト」の注意点

人間の新入社員は、ほとんどの場合、何も教えなければ自分では動けません。先輩がいろいろ教えてあげることで学び、仕事に取り組みますが、時にはミスもします。ＲＰＡは、最初に教えてあげれば（この場合はシナリオ作りですが）、その後は人間の新入社員のように一生懸命に働きます。しかもその後、何か変更がない限りはミスをすることなく、その作業を完璧にこなしてくれます。これは人間には真似ができないことです。また、育ったロボットは新天地を求めて旅立つことも、結婚を機に退職することもありません。優秀なロボットを作り上げれば、会社がある限り、貢献し続けてくれます。

ロボットの採用コストについて一点、注意点があります。それはＲＰＡを使いこなすために必要になるコストについてです。

プロダクトのライセンス費用は安いもので年間数万円程度、中には無料という製品から、最高でも700万円程度となります。しかし「RPAの費用は最大でも正社員の年収程度で済むのか」と安心するのは早計です。これまでも述べている通り、社員が技術をキャッチアップするために技術研修を受ける、メーカーや販売代理店、コンサルタントのサポートを受けるといった場合にも費用が発生してきます。

もしも自分たちでシナリオを作成できなければ、シナリオ作成するためにエキスパートを派遣社員として雇う、もしくはシステム会社に外注することになり、派遣社員であればプラス年500万円程度、外注開発であればプラス数百万円の費用が必要になります。こうなってしまうと、RPAでコスト削減どころか、回収するまでには相当の時間を要してしまいます。

このような事態を避けるためには、プロダクトのライセンス費用にばかり捉われず、「社員が実際に自分たちで扱える」「研修や講習会で仕組みを理解できる」「社員がシナリオ作成し、随時新シナリオ作成、または更新が行える」といったところがキーとなります。この点にはくれぐれも注意してプロダクト選びをしてください。

05 RPAを活用すべき仕事の基本分類

RPAを活用するには、その仕事は本当に人間がやるべき仕事なのかを判断し、ロボットに任せられるのか分類することが大切です。すでにお伝えした通り、日本企業ではコピー&ペーストの作業を正社員が、しかもそれなりの高給取りの中間管理職以上の人が行っていることが珍しくありません。中間管理職に限らず、人間という貴重なリソースは、もっとほかの仕事に従事するべきです。

コンサルティングに訪れた企業で経営者にこういったお話をした時、「なるほど、RPAは投資なんだね」と気づかれる方も多くおられ、そのような経営者は、RPAを入れるという戦略を取ります。

現状はまだまだ認知度が低いアーリーステージのため、早く始めるほど、他社に先んじて投資効果を上げられる可能性が高くなります。「ほかも入れているからうちも入れるか」という

「右へ倣《なら》え」で導入するようになるまでは、まだもうしばらく時間がかかると思います。

また、いまはまだRPA黎明期であり、RPAを活用すべき業務はかなり限られています。現在は基本的に判断が入らない業務ですが、ゆくゆくはAIの進歩により徐々にその範囲が広がっていき、いつしか人が行う仕事は人と会う仕事だけになるのではとみています。言い換えると「人に会うこと以外はロボットにやらせる」となり、事務作業全般が基本的に人間の担当領域から外れていくかもしれません。未来のオフィスは、管理者的に人間が1人だけ配置され、無人のPCが作業している、現代の自動車工場のような職場になるのではないでしょうか。

RPAにできる仕事、できない仕事

RPAにできない仕事をもう少し整理すると、人と会う営業のような仕事、人をモチベートさせる研修やインセンティブプログラムの設定および実施、人材を配置する人事のような仕事、人員を調整する管理職、商品・サービスや事業を作り出す企画の仕事などが該当すると思われます。逆にRPAに向いている仕事は、「Excelデータを基幹システムの特定項目に転記して登録する」「フォーマットの異なるExcel間でデータをコピー&ペーストする」「週次レポートなどの定型メールを送信する」といった定型作業となります。

ごくたまにRPAとAIを混同している方がいます。「RPAは大したことができない」という勘違いは、両者の違いを理解していない方に多いご意見です。RPAは人間の行う業務の中で、定型作業を自動化させ、業務効率を向上させるツール。一方でAIは自ら学習し、蓄積した情報を整理・分析して判断を行う技術です。たとえばRPAが「売上データを取得して、フォーマットの異なるExcelに転記する」という作業をするのに対し、AIは「売上データを取得して分析し、入荷する製品の種類、スケジュールを決定し発注する」ということを行います。つまり、AIのほうがより「人間的」な役割を担うということになります。

また、RPAはあくまでホワイトカラーの現場で活用できるものであり、できる業務は「PCを使って行う定型作業」に限定されます。といっても「RPAはPCでできることは全部任せられる」と思い込んでしまうと、かなり大掛かりなシナリオ作成(ロボット作成)になってしまい、コストが想定をはるかに上回ります。そもそもできない可能性も高くなります。

RPAは基本的にPCで行う定型作業を行うツールであると理解した上で、データ収集、コピー&ペースト、メール送信などを行えるものであると捉えてください。こうしたところからスタートし、小さな業務を積み重ねていくことで、やがて大きな効果として「業務時間の削減数百時間」といった成果をもたらします。特にコスト意識の高い中小企業においては、シナリオ作成の費用も限られるため、自分たちで扱えるプロダクトを導入して、トライ&エラーを繰り返してシナリオ作成していくと、やがては期待以上の成果をもたらすことになります。

第3章

「人を削る」のではなく「人＋ロボット」で2倍の仕事をこなす

この章では、3つの視点の2つ目である「業務選定」について考えていきます。どのような業務にRPAを適用するか、それによって浮いた時間で人間が何をやるべきか、解きほぐしていきます。

01

業務を選ぶ時の基本的な考え方

ＲＰＡ導入に際しては「業務選定」がポイントとなりますが、対象業務をどのように選ぶか、ＲＰＡを初めて利用する会社にとってはわからないことだらけです。

ありがちな失敗としては、「やれることは全部自動化してしまえ！」と経営者が担当部門に命じたのはいいものの、「何から手をつけていいのか」「どの業務に適用していくのか」「予算はどうするのか」といくつもの問題が立ちふさがります。命じられた部門は、最も目立つ大変な業務からＲＰＡ導入を目指してみるものの、結局は行き詰まってしまうというのが典型的です。

この失敗の原因は、自動化すべき業務を「最も時間がかかっている業務」だと思い込んでいるところにあります。手間や負担を軽減したい気持ちは理解できますが（目立つ業務を自動化して成果を挙げたいという気持ちもわかります）、時間のかかる業務というのはたいてい複雑で、ところどころに人間の判断が入ってくるため、実際にはＲＰＡによる自動化は難しいのです。そのため、導入しようと思って少しチャレンジしてみるものの、「これは判断が入ってくるから無理だな」と途中であきらめてしまうケースが見受けられます。経営者にそのことを報告すると、「うちには判断を必要としない業務はないね、じゃあＲＰＡは入れなくてもいいか」となってしまう会社はことのほか多いといえます。

実は、**大分類では判断を必要とする時間がかかっている業務であっても、業務を作業に分解して、単純作業だけＲＰＡで対応すればいい**のです。業務全体を自動化しようと捉えてしまうとうまくいかなくなります。

一例として、食洗器を使った食後の食器洗いを題材に考えてみましょう〈次ページ図表9〉。食器を洗うにはいくつかの工程があります。ＳＴＥＰ1〜3の全工程を食洗器で自動化しようとしたら、それは到底、無理な話です。汚れや洗剤の量など、さまざまな判断が入るので、よほど高性能な人型ロボットでもない限り対応できません。しかし、ＳＴＥＰ1、ＳＴＥＰ2、ＳＴＥＰ3と切り分けたらどうでしょうか？

このように「食器洗い」の全工程ではなく、ＳＴＥＰ2だけに絞れば食洗器で自動化でき、その間に人は別の作業に時間を使うことが可能となります。いわばセットされた食器を洗うだけのような「定型作業」にこそ、ＲＰＡは活用されるべきです。

図表9　全ステップの自動化は必要ない

STEP1

・食べ残しを処理し下洗いする
・汚れ／分量に応じて洗剤の種類／量を決める
・汚れ／分量に応じて洗浄コースなどを決める

判断が必要となるため自動化しない
＝ 人が作業する

▼

STEP2

・スチーム
・すすぐ
・洗剤で洗う
・食器を乾燥させる

単純作業だが時間も工数もかかるので自動化する
＝ 食洗器を使う

▼

STEP3

・食器を取り出す
・食洗器内を清掃する
・食器棚に戻す

食器を取り出す際には割らないように注意し、
食器棚に収めるにも配置に判断が必要。
食洗器内の汚れも判断が必要となるため自動化しない
＝ 人が作業する

▼

自動化するか、人が作業するかを
ステップごとに判断

RPAのこれから

この食器に食器洗いを任せるような「定型作業の自動化」こそ、RPAに最も適した業務となりますが、RPAのこれからの展望として考えると、この「定型作業の自動化」はまだ最初の一歩、フェーズ1と呼ぶべき段階です。

では、このあとRPAがどのように職場に導入され、活用されていくのがよいのか、段階的に見てみましょう〈図表10〉。

現段階はフェーズ1の「定型作業の自動化」ですが、今後はAIとの組み合わせが進み、非定型作業や高度な判断作業が可能になるとみられています。

図表10　いまはRPAの発展の第1段階

フェーズ	1 定型作業の自動化	2 非定型作業の自動化	3 高度な自律化
特徴	・定型作業を自動化 ・判断を要する作業や例外的な作業は人間が対応	・AIとの連携により、非定型作業や例外的な作業を自動化 ・ディープラーニング／自然言語処理	・AIを発展させ、問題発見、プロセスの分析、意思決定、改善までを自動化
対象	・情報の読み取り（構造化データ） ・ログイン／入力作業 ・集計作業／データ加工作業	・情報の読み取り（非構造化データ） ・知識ベースの問い合わせ回答 ・蓄積した情報からのルール作成	・問題発見 ・意思決定 ・複雑な処理、高度な分析

たとえば、将来は食器洗いの例で取り上げた食器の下洗いや、洗剤の量を判断する、食器を棚に戻すといった作業も可能になるかもしれません。ただし、それはまだずっと先の話になると思いますが。

RPAはまだまだ初期の段階と捉え、業務全体の中から単純な作業をピックアップし、その作業だけをRPAで自動化することが基本となります。

この時に大切なのは**〝業務〟ではなく、〝行動〟に注目すること**。業務を一つひとつの作業（＝行動）レベルに分解し、判断を伴う作業は人間が、判断を伴わない作業はRPAが担当するように役割分担をすることが重要になります。具体的にフェーズ1で対象になる作業を挙げると、図表11

図表11　フェーズ1で対象になる主な5つの作業

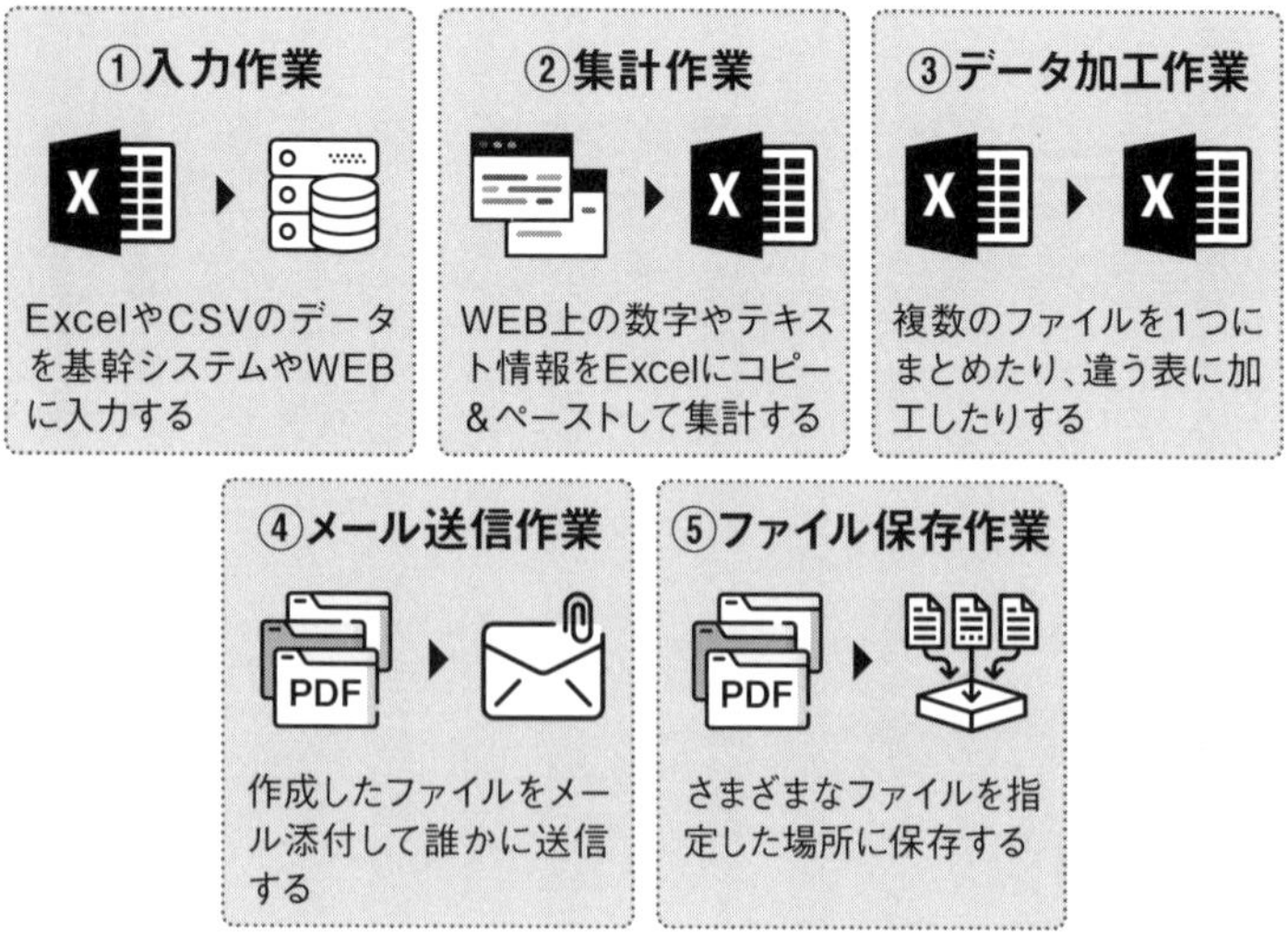
①入力作業
ExcelやCSVのデータを基幹システムやWEBに入力する
②集計作業
WEB上の数字やテキスト情報をExcelにコピー＆ペーストして集計する
③データ加工作業
複数のファイルを1つにまとめたり、違う表に加工したりする
④メール送信作業
PDF
作成したファイルをメール添付して誰かに送信する
⑤ファイル保存作業
PDF
さまざまなファイルを指定した場所に保存する

のようになります。

そもそも、「業務をＲＰＡで自動化すること」ではなく、「ＲＰＡで業務を効率化すること」が目的なはずです。「業務すべてをＲＰＡで自動化しなくては意味がない」という考えは捨て、業務を細切れにし、人とＲＰＡ、それぞれに得意な作業を任せるという柔軟な発想が業務選定の最大の鍵になります。

02

「浮いた時間」を使って全力でやるべき業務とは

続いて、実際にRPAで自動化されている業務の例を紹介します。

とあるメガバンクでは、毎朝、融資担当の営業部門の社員が新規訪問先のリストを作成していましたが、これをRPAで自動化しました。新規訪問先を「地域」「売上規模」「従業員規模」のような特定条件で絞り込むことで、人間の判断を必要とせずにリスト化することに成功しています。

また、同じく銀行の投資信託の営業担当者は、顧客が運用している商品の時価データレポートを手動で作成していましたが、これをRPAで自動化しました。日々変動する基準価格を反映させ、最新の運用成績を報告すると共に、利回り重視、安定性重視など、求める運用スタイルによって、新たな金融商品の提案を行っています。

さらに、とあるタイヤメーカーでは、毎朝、マーケティング部門が競合他社のサイトから製品価格を調べ、リスト化し、各営業担当者にメール送信するという作業をしていました。各社のサイトを巡回し、価格データをピックアップする作業をＲＰＡが行うことで、時間の削減と共に正確なデータリストを作成させています。

これらのケースでは、最新データの取得からリスト作りまでをＲＰＡが行うことで、それまでリスト作りに割かれていた時間をほかの仕事に回して、新たな効果を生み出しています。たとえば営業担当者であれば、訪問する顧客数が増加したり、提案の質が向上したりすることで、成約件数や成約率が向上するという直接的な成果を得ています。また、マーケティング部門であれば、価格の推移などから今後どうやって営業を展開していくのかという戦略策定に時間を使うことで、将来的に成約件数を向上させる可能性を高めています。

スタッフ部門でももちろん使える

こうした効果は、売上を直接作るライン部門だけでなく、スタッフ部門でも享受することができます。私の会社がＲＰＡの導入支援を行ったとある広告代理店の人事部では、残業時間の週次チェックや給与計算の月次データ抽出および集計、社員情報変更の複数システムへの反映、研修受講者の取りまとめなど、多くの作業をExcelや手作業で行っていました。

しかし、ＲＰＡを導入してこれらの作業をすべて自動化することで、より戦略的な業務に時間を割けるようになりました。具体的には、全社員のスキルセットを体系化して必要な研修を洗い出したり、今後必要になる人材像を再定義してこれまでアプローチしていなかった学生に採用のアプローチを行ったりと、人材の採用や育成を強化しています。

これらのケースを通して、「本来、人はどのような仕事をすべきなのか」という問いの答えを考えてみてください。商品戦略や営業戦略の立案、成約件数を向上させるための営業活動、人材のスキルを高めるための採用戦略や教育戦略の見直し、管理職と社員の直接的なコミュニケーション機会の増加など、**企業の業績や持続可能性を高めるための経営基盤の構築に貢献する業務こそ、人が担うべき仕事ではないでしょうか**。

そう考えると、定型作業に忙殺されている現在の日本企業が近い将来に競争力を失うことは明らかで、ＲＰＡをはじめとする業務のデジタル化に本気で取り組む時期が来ているのだと思います。

03 社員に武器を与えよ

われわれがＲＰＡの導入支援を行ったとある大手電機メーカーのグループ会社では、親会社から「働き方改革を推進せよ」という指令が下されました。親会社から指令が来たものの、どのように行うのか、具体的な実施方法は各グループ会社に任せるという状況でした。そうこうしているうち、親会社がＲＰＡの導入を決め、それならば、ということで経営者の決断により「ＲＰＡを導入しましょう」となりました。

巷で言われる働き方改革ですが、多くの場合、「改革」というどこかイメージのよい言葉を盾に「働く時間を短縮しながら、生産性をアップせよ」と矛盾する号令をかけているだけなのが実態です。

その号令の実現を目指したところで、人手不足の中、現場は疲弊してしまいます。いわば、

「敵陣へ攻め込め」という目標だけ設定して、武器は与えないという図式になってしまっています。**たとえば経営層が予算をつけ、現場にRPAという「武器」を与えて使わせてあげることが重要**なのです。「働き方改革」を実現するための有力な手段であることが、RPAの存在意義のひとつと言っても過言ではないかもしれません。

その単純作業は本当に必要か

「うちの会社では働き方改革が進んでいる」「うちには疲弊している社員はいない」と、迷いなく断言できる経営者の方はどれだけいらっしゃるでしょうか？　私の会社では、業務改革のご支援を通して多くの現場業務をヒアリングしますが、思った以上に単純作業に時間を割いていることに驚かされます。若手社員・派遣社員は言うに及ばずですが、課長クラスや部長クラスも役員会議向けの資料を作成するなど、多くの単純作業を行っています。

たとえば、基幹システムから特定条件に基づいた地域別の売上データをダウンロード、そこから今度は世代別・性別にソートをかけ、コアな客層の集計を過去3年分まとめてExcelに転記していく。はたまた、営業担当地域ごとの営業成績を基幹システムからダウンロードし、さらに地域別のライバル会社の売上データを打ち込み、シェアを算出しリスト化していく。このような業務の多さに辟易としている中間管理職は少なくないはずです。

Excelデータとにらめっこしながら、残業代のつかない管理職が行う単純作業は本当に必要なことなのでしょうか？　残業に費やす3時間があれば、「得意先に直接挨拶ができた」「新規開拓リストを作って戦略を考えられた」「部下と共に目標の進捗を確認し次の手を打てた」というように、ビジネスの可能性は広がっていきます。人によっては「日々の疲れを癒したい」とリラックスする時間にあてるかもしれません。

つまり、やり方によっては、仕事面でも健康面でも有意義な時間を送ることができるはずであり、それこそが働き方改革なのではないでしょうか。人員不足で補充もままならず、仕方なく残業代のつかない中間管理職に仕事を付け替えていることは、働き改革とは言いません。

ＲＰＡは人間の要望に従って文句も言わず、いつでも稼働するデジタルレイバー、つまり仮想知的労働者です。１００％正確にデータ収集・計算・配布を行うＲＰＡは、現場社員にとって、そして会社にとっても大きな武器となるはずです。

将来、社員1人につき1台のＲＰＡを与えることで、社員の誰しもが単純作業から解放され、できた時間は、企業価値を高めるための創造性のある業務にあてることができるはずです。長期的には本格的な人手不足が現状としてあり、新型コロナウイルスをきっかけにテレワークが新たなワークスタイルとして浸透してきたいまだからこそ、現場社員に余力を作るための武器が不可欠ではないでしょうか。

04 いまやっておくべき「全社員デジタル化計画」

現在、私は「一般社団法人 ＩＴ顧問化協会」（https://ecio.jp/）の副理事を務めています。当協会では、ＩＴコンサルタントとして活躍する人たちに対して「ｅＣＩＯ」という認定制度を提供し、「ｅＣＩＯ」になった方々とデジタル化を希望する企業のマッチングを行っています。ちなみに、ＣＩＯとはChief Information Officerの略であり、企業における最高情報責任者、情報システム統括役員を意味します。

ＣＩＯは経営・業務（現場）・ＩＴの3つの視点を持ち、全体最適を鑑みてＩＴ戦略を立案し、それを実行する先導役としてきわめて重要な役割を担っています。米国では一般的な職位であるものの、日本の特に中堅・中小企業でＣＩＯを設定している企業は少なく、担える人材が不足しているのが現状です。われわれは「社外（External）」のＣＩＯとしてクライアント企業を支援していますが、このような立場で同様に中堅・中小企業を支援できるＩＴコンサルタントを育成するため、「ｅＣＩＯ」認定講座を開講しているのです。

私自身が講師を務める認定講座の講義の中で、企業におけるＩＴ活用の現状を紹介していますが、その中に興味深いデータがあります。「経営者が考える企業におけるＩＴ投資の重要性」に関するアンケートです。

２０１７年の時点で「ＩＴ投資はきわめて重要」と考える日本の経営者は全体の22％しかいないという数字が出ています。残念ながら日本人経営者は５人に１人しかＩＴに対する投資を重要だと思っていないことになります。これに対して、米国は75％の経営者が重要であるという認識を持っています。世界のビジネスシーンでは積極的なＩＴ技術の採用が進んでおり、進化の差は広がっています。私が日々、経営者にお会いする中でも、正直、ＩＴ投資に対する意識が希薄であると感じる場面は多く、経営者の意識改革の必要性を強く感じています。

日本のデジタル人材を取り巻く構造的な問題

また、先にも述べましたが、デジタル人材に関する調査によると、日本におけるデジタル人材の分布は、人材全体を10とすると、事業会社：システム会社＝３：７となっています。一方で米国は、事業会社：システム会社＝７：３と逆転しています。

十数年前と比較するとだいぶ改善されましたが、日本は終身雇用を前提とした雇用形態であるため、ITリテラシーの高いシステム会社の人材が事業会社に移るという労働市場の流動性が低い現状にあります。また、そうした人材が事業会社に移っても多くは情報システム部門に配属され、その後に事業部門に異動するという人事がほとんどないため、業務とITの双方を理解したデジタル人材が育成されないという問題点も指摘されています。

さらに、ITリテラシーを持った人材が入社しても、社内の地位が低いという点も挙げられます。同じく認定講座の講義の中で紹介している、情報システム部門の課題に関する興味深いデータをもうひとつご紹介します。

「経営者が情報システム部門に期待すること」という2013年のアンケートによると、日本では「低コストでのオペレーション」という回答が33・8％で上位に挙がっています。一方で米国では、「低コストでのオペレーション」は5・7％で下位に位置しており、「情報システム部門における技術力の強化」という回答が28・4％で上位に挙がっています。

これは、日本の経営者が情報システム部門をコストセンターと捉え、経費を少しでも削減したいと考えていることを表しています。そのため、事業部門への異動や経営・業務・ITに関する教育など、情報システム部門に対する戦略的な人事施策をほとんど実施しておらず、情報システム部門は既存システムの安定稼働に寄与すればよいというのが多くの日本企業にある共通認識です。

万一トラブルが発生した場合は、「少ない人員が徹夜で修復する」という劣悪な環境下で働いているケースもあります。

先進企業が自社で始めているデジタル人材の育成

このような背景から、日本企業におけるデジタル人材は慢性的に不足しています。経済産業省の調査によると、２０３０年には78・7万人が不足するという結果もあり、２０５０年ごろにはさらに人材不足に陥る可能性があります。

現在、私は、とある大手物流企業でデジタルＩＴ人材の教育を行っています。そこで話題に上がるのが、現場の担当者がＩＴリテラシーを高めないと業務改善は進まないという話です。ビックデータなどで物流予測を行い、売上に貢献できる人材もいますが、それはほんの一部なのです。グループ数万人という大企業でありながら、事業部門担当者はExcelのショートカットも使えない、チャットも導入していない、クラウド化の波に乗り遅れているNotesメールを日常的に使っているなど、ＩＴリテラシーは低空飛行を続けているのが現状です。

将来を考えるまでもなく、**いますぐに事業部門が自ら、ＲＰＡをはじめとする業務のデジタル化に着手すべき**です。大企業は、現場社員のＩＴリテラシーを向上させる教育をスタートさせています。大手商社も、現場社員にＲＰＡを活用した実践的なワークショップ型研修を実施しています。先進的な企業ではボトムアップ型のデジタル人材の育成に力を入れており、各部門にとって何が必要かを理解し、教育の場を設けています。国内の競争はもちろんのこと、グローバルな市場で勝ち抜くには、全社員のデジタル化は避けられない課題だと思います。

ＭＭ総研が実施した「ＲＰＡ国内利用動向調査２０２１」のデータによると、ＲＰＡの導入は年を追うごとに増加しており、売上規模別でみると、年商50億円以上の企業では37％がすでになんらかの形で導入し、28％が準備中・検討中、未検討は35％という数字が出ています。まだ大企業の導入が多いといわれるＲＰＡですが、年商50億円未満の企業でも、導入済みが10％、準備中・検討中が25％、未検討が64％と、従来と比べると中小企業にもＲＰＡの導入が進んできていることがよくわかります。

なぜこのような形で導入が進んでいるのか、それはＲＰＡが持つ導入までのスピードの速さにあります。従来の基幹システムの導入であれば、要件定義から設計、開発、導入まで早くても半年から1年は時間を要します。ＲＰＡは早ければ1カ月で導入が完了し、デジタルレイバーとしてバリバリ活躍します。ＩＴを何から始めたらいいかわからないという会社にとっても、導入しやすい技術であるといえます。

05 「人を見て仕事を振る」のは普通の社員でも同じ

私はこれまで数多くのＲＰＡ導入支援を行ってきましたが、そこではさまざまな理由から「情報システム部門には任せておけない」と、事業部門がＲＰＡ導入を主導するケースをいくつも見てきました。

たとえば「自動化対象となる業務の詳細について、事業部門へのヒアリングに膨大な時間がかかり、半年経ってもシナリオが２つしか完成しない」、「高機能で難解ツールを導入したことでシナリオ開発を行える人員が限られてしまい、１年経っても自部門の業務自動化に着手してくれない」といった理由です。

事業部門がこのような状況を見かねて、「自分たちでやろう」と前向きになることはいいことです。ところが、いざ着手してみると、なぜか「ＲＰＡは使えるまでに相応の時間を使う」というイメージを持っていないことが多くあるのです。

事業部門がＲＰＡを導入する際は、やはりそれなりの時間を要することになります。まず、担当者がＲＰＡのツールを扱えるようになるまでのキャッチアップ時間が必要です。また、シナリオを作る時間も発生してきます。自分たちの力だけで新たなシナリオを作っていくのであれば、研修を受け、知識を習得する必要があります。

簡単に使えるということで、本書で紹介している「Robo-Pat DX」も、まったく初めての場合、普通に動かすことはかなり難しいでしょう。プログラミング経験者であれば、入力ミスや設定ミスなどで動かなくなる場面にも冷静に対応できますが、未経験者がそのような事態に直面すると、解決まで時間を要してしまいます。

動かない原因は、「バックグラウンドの処理に対して、必要なコマンドや手順が誤っている」といった単純なものですが、たとえば経理畑の人が営業を行うのと同じで、ＩＴに不慣れな場合、勘どころを掴めず、壁に当たってしまいます。ＧＵＩベースでシナリオ作成できるＲＰＡプロダクトでも、裏ではプログラミングを行うため、プログラミング同様、小さな設定ミスで動かなくなるものだと思って取り組むことが必要です。

RPA導入は「新入社員に仕事を教える」のと同じ

ただ、RPAの導入は、人間である社員に仕事を振ること、仕事を教えることと同じだと考えると、それなりの時間が必要なことは納得していただけるのではないでしょうか。いかに簡単なコピー&ペーストや印刷などの作業であっても、経験のない誰かに任せるのであれば、説明が必要になります。RPAにおけるシナリオ作成は、それと同じなのです。**新入社員に仕事を引き継ぐようなものと捉えて、シナリオ作成に時間を割いてください**。

こうしたことも踏まえ、プロダクト選定、導入チーム編成が終わっているものと仮定して、あらためて導入までの流れを見てみましょう。

①自動化対象となる業務の選定

まずは業務の選定です。基本的には判断がいらない定型作業が中心となりますが、1回あたりの作業時間や作業頻度が多く、結果として多くの工数を割いているものほど向いています。「基幹システムから売上データをダウンロードし、集計軸を変えて週次の営業会議の報告書用Excelにコピー&ペーストする」といった業務です。ほかにも「在庫問い合わせに対して定形文でメール返信し、在庫数を知らせる」のように、いつ起きるかわからず、その都度、手間と時間を取られる業務も該当します。

②ＲＰＡのシナリオ作り

シナリオ作りとは、ロボット作成を意味します。このシナリオ作りがあまりに難しいと感じてしまい、ＲＰＡ導入そのものを諦めてしまうケースが多々あります。意思決定者の同意も得られたこの状態であきらめてしまうのは、非常にもったいないと感じます。新入社員に仕事を引き継ぐイメージで根気強く取り組んでいきましょう。しかし、あまりにプロダクトが難しいと、どこを触っていいのかチンプンカンプンという可能性もあるため、最初のプロダクト選びが非常に重要になってくるのです。

③シナリオのメンテナンス

シナリオ作りを終え、稼働が開始したあとも、業務手順の変更に合わせてシナリオを継続的にメンテナンスしていく必要があります。このあたりも新入社員に仕事を教えるのと同じです。ＲＰＡは便利なロボットですが、万能ではなく、ＡＩのように判断することもありません。たとえばデータの取得元が変わったというケースでは、参照元のＵＲＬなどを変更する必要があります。ある意味で「手取り足取り」となりますが、最初に正確に教えてあげれば、どこまでも働いてくれるのがＲＰＡです。調整は必要なものと考え、ＲＰＡと共に仕事を進めていきましょう。

第4章

で、導入の「仕切り」って誰がやるの？

ここでは、3つの視点の3つ目である「運用体制」について考えていきます。導入のステップやプロジェクトの運営方法、事業部門主導でどう進めるかなどを解説します。

01 RPA導入のステップ

RPAを導入するにあたり、あらためてその流れを確認しておきます。図表12に示すように、大きく分けて3つのステップで進めます。

①RPA導入計画の策定

RPAの導入は経営者など、意思決定者が「やる」と決めたからといって、即座に動き出すものではありません。しかるべき計画・体制がなければ、計画は途中で頓挫してしまいます。ここでは、本導入の要否を検討する体制やロードマップなど、RPA導入計画を策定します。

◉RPA PoCチームの発足

RPAはまだまだ黎明期の新しい技術であるため、自社に本導入すべきかを判断するには、PoC（実証実験）を行うことが重要になります。まずは「RPA PoCチーム」を発足させ、自社のどのような業務に適用させるのか、どのプロダクトを採用するのか、具体的な検討を始めましょう。

検討にあたっては、現場の個別業務の特性、ITに関する知見の双方が求められるため、経営者や経営企画部門（ICT推進室）のほか、人事部や経理部を取りまとめるスタッフ部門の部門長と現場のキーマン、事業部門の部門長と現場のキーマン、情報システム部門の部門長と技術トレンドに明るい担当者などをチームに加えるとよいでしょう。

事業部門だけでも情報システム部門だけでも駄目です。**「経営・業務・IT」の3つの視点を持って、チームで意思決定できる体制が必要**です。

図表12　導入の3ステップ

	1	2	3
ステップ	RPA導入計画の策定	RPAプロダクトのトライアル	RPAプロダクトの本導入
内容	・RPA PoCチームの発足 ・導入意義の整理 ・ロードマップの策定 ・対象業務の事前洗い出し ・RPA導入の周知	・プロダクトの選定 ・トライアル組織／担当者の決定 ・トライアル目標の設定 ・トライアルの実施 ・トライアルの評価、効果測定	・RPA導入プロジェクトの発足 ・本導入目標の設定 ・運用体制／ルールの詳細化 ・業務選定／シナリオの作成／シナリオの変更

（ステップ1〜2）PoC（実証実験）

◉導入意義の整理

次にRPA導入によりどんな効果を期待するのか、その意義や目的を整理します。図表13のように、RPAは「業務負荷の削減」以外にも連鎖的にさまざまな効果を発揮します。

◉ロードマップの策定

続いて、PoC（②RPAプロダクトのトライアル）をいつまでに終え、それ以降に何年かけてどの範囲まで本導入するのか、導入の段階と時間軸を設定しましょう。複数のプロダクトを試すことを前提にすると、一般的には、「②RPAプロダクトのトライアル」の期間は半年～1年程度であることが多いようです。

図表13　導入の主な効果

効果	内容
業務負荷の削減／作業の平準化	人間の作業量が削減されるだけでなく、繁忙期でもRPAに業務を委ねることで、平準化が実現される
属人化の解消	担当者のみが業務を理解している「属人化」の状態を改善し、担当者の不在・退職に際しても業務を問題なく継続できる
業務の正確性担保	人的ミスが起こらず、またアルゴリズムによって作業をこなすため正しく設定されていれば間違いが生じない
余力の創出	人間の業務負荷が大幅に削減されたことで生じた余力を、企業にとってより価値の高い創造的業務に振り向け、成長に貢献する
競争力の強化	RPAによって実現された業務効率化、生産性の向上による企業体力の強化、およびRPAによる市場・競合他社の情報収集・分析力の向上
コンプライアンスの強化	RPAでは作為的な情報改ざん・情報漏洩・架空取引など不正行為が行われないため、これらの有効な防止策となる

◉対象業務の事前洗い出し

自社のどの業務にＲＰＡを適用させることが可能なのか、まずは大まかな業務の範囲を把握しましょう。この際にポイントになるのは、特定の部門にヒアリングするのではなく、全社に向けてアンケートを実施することです。

この時点でＲＰＡについて具体的なイメージを持てる社員は少ないかもしれませんが、経営者が認識していない個別業務が現場で発生していることが多く、それを把握するよい機会になります。また、この時点で積極的に手を挙げた部門は、その後のトライアルや本導入の際、優先的に対象とする部門になり得ます。経営者が「この部門だ！」と思い込むことなく、客観的に全体像を把握することが大切です。

◉ＲＰＡ導入の周知

「対象業務の事前洗い出し」の全社アンケートと同時に行うことになりますが、ＲＰＡの概要を伝え、自社でＲＰＡの本格検討に入ることを経営者自ら全社員に宣言します。ＲＰＡの目的は生産性の向上・働き方改革の実現になりますが、それらは事業部門などの現場に達成を委ねているケースがほとんどです。**経営者自らが語ることで、働き方改革に本気で取り組む姿勢を示すことができ、現場の士気を高めることができます**。また、ＩＴトレンドをキャッチしてＲ

PAを使ってみたいと考えている事業部門に対して、積極的に手を挙げてもらうことを促す効果も期待できます。RPAの導入はひとつの現場やひとりの担当者だけでは実現できないため、経営者のリーダーシップのもと、全社的な取り組みにする必要があります。

②RPAプロダクトのトライアル

RPA導入の計画を立案し、全社への周知が終わったら、具体的な検討に入っていきます。自社に本導入すべきかを判断するために、実際のプロダクトを使っていくつかの具体的な業務を自動化することが有効です。現在提供されているRPAプロダクトには、1~2カ月の無料トライアル期間が設定されているため、これを利用して「試用」を進めて行きます。

◉プロダクトの選定

どのプロダクトを使用するのか、いきなりは判断がつかないと思います。キュレーションサイト（まとめサイト）やプロダクトのホームページで、ある程度の情報は入手できますが、ライセンス料や詳細が掲載されていないことも多く、十分ではありません。

一度に多くのプロダクト情報を得る手段として、「働き方改革EXPO」などの展示会への参加がお勧めです。展示会のテーマによりますが、RPAは多くの展示会で取り扱われており、

1回の展示会で10程度のプロダクトに触れることができます。展示会では、具体的にプロダクトを操作することができ、費用についても大まかに確認できます。これらの展示会は東京・大阪・名古屋などの大都市圏でしか開催されていませんでしたが、新型コロナウイルスのまん延により、オンラインにて開催されるようになりました。地方の方でも参加しやすい状況が整ってきましたので、積極的に参加することをお勧めします。

展示会でいくつかのプロダクトをピックアップしたら、具体的な商品の特徴、費用や運用イメージを把握するため、メーカーや販売代理店の営業担当者からデモを受ける機会を設定しましょう。展示会では1つのブースを見る時間が限られているため、そこでの印象だけで決めてしまうのは早計です。あらためて1つずつプロダクトを評価する場を設け、営業担当者の対応を含めて比較検討しましょう。なお、システム導入に不慣れなメンバーだと、営業担当者の言いなりでプロダクトを決めてしまうかもしれません。普段からシステムの選定を行っている情報システム部門の人員であれば、相見積もりを取り、選定することに慣れているでしょう。プロダクト選定を行う際には、情報システム部門の人員が強い味方となります。

◉トライアル組織／担当者の決定

「①RPA導入計画の策定」で行う「対象業務の事前洗い出し」の結果をもとに、無料トライアルを実施する部門と担当者を決定します。1～2カ月のトライアル期間では多くのシナリオを作成できないため、以降の本導入を見据えて、簡単な業務から複雑な作業まで、対象業務が幅広く、多くピックアップされている部門を選定しましょう。また、担当者については、現場の個別業務を把握しており、IT技術に興味がある人員を選びましょう。

RPAはITツールであり、シナリオを作成するにはそれなりの操作が必要になります。ITリテラシーが高いとなおよいですが、あまり高すぎると、全社展開をした際に一般社員との温度差が生まれる可能性があるため、「IT技術に興味があり、RPAを触ってみたい！」と積極的に名乗りを上げてくれる人員が最適だと思います。

RPA PoCチームに所属する現場のキーマンがこの条件に合致するのであれば、もちろんその人物でも構いません。

◉トライアル目標の設定

実際にトライアルを始めたものの、通常業務に追われて時間が取れず、プロダクトの操作に慣れただけで終わってしまったり、メーカーが提供する練習問題をこなすだけで終わってしまったりするケースが多くみられます。これだけで、本導入に進むかの判断ができるでしょうか。実際の業務をいくつか自動化してみないことには、シナリオ作成にかかる時間、シナリオの運用イメージ、自社の環境で動作させた時の制約（ネットワークやセキュリティの制約）などを把握できません。

そのため、トライアル開始前に、トライアル期間で自動化する業務を具体的に選定しておくことが重要です。この際のポイントは、**「システムにログインして検索条件を指定し、あるデータをダウンロードする」といった、簡単な作業で構成される業務を選ぶこと**。プロダクトの操作に慣れるだけでも相応の時間がかかるため、本来期待している「時間のかかる業務」を選定してしまうと、トライアル期間では到底シナリオが完成しないことになるからです。

ちなみに、ITリテラシーが高くない一般の担当者であれば、操作が容易な「Robo-Pat DX」であっても、1人の担当者が1カ月のトライアル期間に作成できるシナリオは2〜3個程度になります。市場シェアが高い「WinActor」では、プログラミング経験がないと初心者には非常に難しいため、1個作成できるかどうかになると思われます。

◉トライアルの実施

実際のプロダクトを触っていき、シナリオを作成していきます。トライアル期間を1カ月とした場合、理想的な進め方は次ページ図表14のようになります。

トライアルを進める際に重要になるのが、RPA PoCチームによる担当者の作業進捗の管理です。担当者は通常業務を行いながらトライアルに着手するため、残り1週間でまだ手をつけていない……という状況も十分起こり得ます。チームは担当者に継続的に働きかけ、作業や理解の状況を把握しましょう。理解が十分でない場合、早めにメーカーや販売代理店に連絡し、技術フォローを依頼することが必要です。

また、これ以降でトライアルの評価を行うには相対評価が効果的なので、トライアルは少なくとも2つ以上のプロダクトで実施することが望ましいでしょう。たとえば、市場シェアの高い「WinActor」をまず試し、その後、操作インターフェースが異なる「Robo-Pat DX」を試すといった形です。トライアル期間にはある程度の時間を

図表14　トライアルの理想的な進め方

第1週目	メーカーが提供する「スタートアップマニュアル」などを参考に、操作に慣れる。メーカーや販売代理店が操作勉強会を開催していれば、この時期に参加することが有効
第1～2週目	メーカーが提供する「チュートリアル」(練習問題)をこなし、単純操作するシナリオを作成する
第2～4週目	トライアル期間に自動化すると決めた実際の業務について、シナリオを作成する
第4週目	トライアル中に作成したシナリオをRPA PoCチームに発表する

割く必要があります。

◉トライアルの評価、効果測定

自動化により実現した業務削減時間、シナリオ作成にかかった時間、自社環境のネットワークやセキュリティの制約の有無などを総合的に判断し、本導入するか、その場合にはどのプロダクトにするのかを決めます。「①ＲＰＡ導入計画の策定」の「対象業務の事前洗い出し」で挙がった業務をもとに、トライアル担当者のＩＴリテラシーも考慮し、全社展開が現実的なのかを判断することになります。

③ＲＰＡプロダクトの本導入

ＰｏＣの結果、本導入に進むことになったら、いよいよ全社レベルの展開です。トライアルはあくまでも本導入すべきかを判断するための「試用」ですが、これを社内の全事業部門・全社員に広めていくことは容易ではありません。具体的には、導入プロジェクトを発足したり、運用体制やルールを定めていったりする必要があります。また、何年後にどの程度の効果を見込むのか、費用対効果の目標を定めた上で実践を行い、定期的にその結果を評価して運用体制やルールに反映させていくことも必要です。**社内の導入状況を継続的に把握し、柔軟性をもっ**

て運用形態を変えていくことが導入成功の秘訣になります。

◉ＲＰＡ導入プロジェクトの発足

全社への本格導入にあたり、経営者直轄の「ＲＰＡ導入プロジェクト」を発足させます。ＲＰＡプロダクトのライセンスを購入して部門に周知しただけでは、残念ながら導入は進みません。全社レベルのプロジェクトとして推進し、「ＲＰＡ　ＰｏＣチーム」のメンバーをスライドさせるほか、実際のシナリオ開発に携わるメンバーを適宜追加していきます。その中でノウハウを共有し、シナリオファイルの一元管理担当やメーカーや販売代理店への問い合わせ担当など、役割分担をしていくことが求められます。

◉本導入目標の設定

全社への導入は少なくとも数年はかかるため、導入をいくつかのフェーズに分け、何年後にどこまでの導入を狙うのか、どの程度の効果を見込むのかを決めます。「①ＲＰＡ導入計画の策定」の「ロードマップの策定」で大まかに定めた導入の段階と時間軸を具体化していくことになります。この際、定量化できる効果については、具体的な数値目標を算出することが重要です。「1年後には、事業部門の3割で業務の自動化が進み、年間２００時間の削減を目指す」

「3年後には、事業部門の7割で業務の自動化が進み、年間400時間の削減を目指す」など、段階的な導入と累積されていく効果を数値化します。目標を設定したあとは、それが達成されたかどうかをチェックし、未達の場合は原因を分析して運用体制やルールに反映させます。

◉運用体制／ルールの詳細化

全社への本導入にあたり、非常に重要になるのが運用体制とルールの策定です。具体的には、シナリオの作成や変更は誰が主体で行うのか、それを行う際はどのような方法で行うのか、作成されたシナリオをどのように管理するのかなどを定めていきます。社内であれば事業部門や情報システム部門、社外であればエキスパートの派遣社員やシステム会社など選択肢は複数あり、運用の継続性やコスト、統制のレベルなどを総合的に判断し、詳細化していきます。

◉業務選定／シナリオの作成／シナリオの変更

運用体制とルールが決まれば、それに沿ってシナリオを作っていき、自動化対象業務を増やしていきます。重要なのは、シナリオを作成して、それで終わりではないこと。後述しますが、業務手順やシステム環境の変更に伴い、シナリオの変更が必要になります。ある程度頻繁に発生するシナリオ変更を考慮し、現実的な運用体制とルールを定めることが重要です。

02
「RPA導入プロジェクト」の発足。経営者の英断で会社は伸びる

RPA導入のご支援を通じて私が肌で感じたのは、業務を自動化する、つまりRPAを導入していくには、社内でRPA導入に関する業務が正当に評価される必要があるということです。会社として「今期の取り組み」にRPA導入を盛り込み、プロジェクトを宣言し、プロジェクトチームを発足。プロジェクトチームには「ロボット(シナリオ)を何個作ったから評価する」という、目標の掲示がなければ導入が進まないというのが、率直に感じるところです。誰かが勝手に始めたのではなく、会社のプロジェクトであるという共通認識が必要です。

会社のプロジェクトとして発足することのメリットはいくつかあり、まず、RPA導入のための業務時間の確保が容易となります。担当者にとっては、ロボットを作成することへの評価、RPAの導入により生まれる効果に対する評価などが自身の成績につながります。またプロジェクトチームを設立すれば、チームには責任者がおり、ロボット作成業務の振り分けなどを

行えます。

もしも「1人専任」の場合、壁にぶつかってしまうと、モチベーションが落ち、「やはりできませんでした……」と継続不可能になりかねません。どの企業でもほとんど初めての試みになりますから、やはりプロジェクトチームの発足は不可欠となります。

これらプロジェクトの働きを通じて、一事業部門の話ではなく、会社全体にRPA導入の進捗が見え、各事業部門における業務選定が進むという効果も得られます。また評価の対象となることから、担当者にはモチベーション向上の効果も期待できます。

さて、これらのプロジェクトを誰が発足させるのか？　それは経営者しかいません。トップの役割としてはまずはRPA導入を決断すること。PoCを経て本導入に進んだら、**プロジェクトを発足させ、担当者を指名してチーム体制を構築し、業務として承認すること**です。これに伴い、**会社としてRPA導入に取り組むのだという意思表示をあらためて行い、プロジェクト目標を掲げるなど、組織全体に働きかけを行っていきます**。

プロジェクトチームは次のような要件を満たす必要があります。

プロジェクトチームの体制

◉自動化推進責任者がいる

◉シナリオ作成担当者が明確になっている
◉複数の担当者でシナリオ作成に取り組んでいる
◉各事業部門から次のようなスキルを1つでも多く持った人を選出してメンバーに加えている（1人ですべてのスキルを保有する必要はなく、チーム全体で補完できればよい）

①Excelやマクロの知識がある
②ショートカットキーを使いこなしている
③プログラミング経験がある
④業務全体を俯瞰し、業務フローとして定義できる
⑤シナリオ作成に否定的でない
⑥粘り強くシナリオ作成に取り組める
⑦上長や他の部門と円滑にコミュニケーションを取れる

これを受けて、まずはプロジェクトに参画できる事業部門からコアメンバーを選出、次いでシナリオの作成へと取り掛かります。すべての事業部門が最初からプロジェクトチームに参画できるわけではないので、プロジェクトメンバーの追加は随時受け付け、数年かけて全社への展開を行っていきます。一方、情報システム部門は、詳細は後述しますが、シナリオ作成・変

更時の承認やシナリオの管理、開発に関する技術サポートなどを行います。

導入は社員1人が頑張ればできるという次元の話ではなく、事業部門・情報システム部門ともに連携が必要です。また社内でRPAの理解を求め、積極的なプロジェクトへの参画、シナリオ作成などを推進するために、経営者は意思表示を行い、RPA浸透ための働きかけを行います。

RPAの導入は、「あぁ、経理部がなんかやっているな」という他部門の話ではなく、各事業部門が「当事者としての意識」を持てるかどうかが成否の鍵となります。経営者がプロジェクト化を明言することで、会社が一丸となって取り組むことになり、そうした取り組みがうまく進むことで会社は伸びていくのです。

03 プロジェクトの運営方法

プロジェクトチームとして発足し、実際にシナリオが作成されるサイクルへ移行したあと、RPA導入の進捗報告としてシナリオ共有会・定例進捗会議などを定期的に開催します。

これらは月に1〜2回の開催が目安です。RPA導入当初は一部の事業部門がシナリオを作っていきますが、徐々に複数の部門でシナリオ作成の動きが活発になります。「経理部ではこんなシナリオができた」「営業部ではこんなシナリオができた」という具合に情報を吸い上げ、その活用方法を拡散していくのがシナリオ共有会の役割です。事業部門主導のボトムアップ型でRPA推進を行う際、私が重視しているのがシナリオ共有会です。**RPAについてナレッジを共有していくことで、改善点が見つかったり、新たなアイデアが生まれたりします**。

会社によっては、多くの事業部門でRPAを活用できるように、「RPAとは?」「シナリオの作り方」「業務選定の方法」などの勉強会をプロジェクトチームが開催しているところもあります。一方、自社で勉強会開催の時間が取れない、ということであれば、社外勉強会を有効活用するという方法があります。

また、シナリオ共有会は、経営者など意思決定者へ進捗状況をアピールする機会となります。「こういったロボットにより月〇〇時間削減でき、空いた時間で〇件の新規開拓ができた」という報告までできれば、意思決定者も自身が下した判断が誤りではなかったと納得できるでしょう。そのためにはプロジェクトメンバーだけでなく、事業部門内の上長やほかのメンバーとも日常的にRPAに関するコミュニケーションを取る必要があります。

プロジェクトチームと情報システム部門の役割分担

なお、運営において、プロジェクトチームにシナリオの管理までを求めるケースがありますが、これは情報システム部門の管轄であると考えます。プロジェクトチームはあくまで導入推進、シナリオ作成やナレッジ共有などを行う主体だからです。情報システム部門はプロダクトのライセンスと稼働PCの管理、シナリオ稼働状況の把握、事業部門単位でのシナリオ実行スケジュールの管理、シナリオファイルのマスタ管理など、プロジェクトチームからは独立した中立的な立場で、全社に統制をかける役割を果たすべきなのです。

理想的なのは、プロジェクトチームと情報システム部門が密に連携し、リアルタイムで情報を共有、確認しながら導入推進するスタイルになります。

04 なぜ、情報システム部門がやると失敗するのか？

ＲＰＡの導入には、２つのパターンがあります。１つは情報システム部門やＩＴに詳しい人など、業務に直接関わっていない人員がシナリオの作成・変更を行うパターン。２つめは業務を担当している人、事業部門がシナリオの作成・変更を行うパターンです。

基幹システムや全社で利用するクラウドサービスは、情報システム部門が主導して導入することが一般的です。図表1を再掲しますが、基幹システムは全体最適を目指すもので、全社共通の業務を標準化し、それらをデジタル化していくものです。各事業部門をプロジェクトに参画させ、現場視点の意見を吸い上げる必要はありますが、個々の意見を取り入れようとすると、全体で必要な機能が定まらず、プロジェクトがうまくいきません。全体を客観視し、全事業部門を横軸で貫くような基幹システムは、情報システム部門が主導することが望ましいのです。

ところがこのイメージのまま、情報システム部門、またはＩＴに詳しい人がＲＰＡ導入でシナリオの作成・変更を担当してしまうと、さまざまな弊害が生まれてきます。

RPAは全体を俯瞰で見渡すのではなく、現場ごとに必要な個別性の高い業務を自動化していくものです。部分最適を狙ったものであり、現在多くの現場で導入されているExcelのマクロに似ています。一般的にExcelのマクロは情報システム部門の管理外とされ、各事業部門が現場で必要な個別業務を自動化するために作成されます。それにもかかわらず、情報システム部門がこれまでと同じような考え・やり方で「全体統一のシナリオ」を作っても、A事業部では使えても、B事業部では使えないという事態が頻繁に起こってしまいます。

では、それを解決するために情報システ

図表1　RPAってどんなもの？（再掲）

特徴	基幹システム	RPA
視点	全体最適	**部分最適**
構築主体	ITベンダー ＋ 情報システム部門	**事業部門**
導入期間	1年以上	**2〜3カ月**
導入費用	数千万円規模	**数百万円規模**
保守性	低い （期間・費用がかかる）	**高い** （期間・費用がかからない）

ム部門が個々の事業部門に話を聞いたとしましょう。ＲＰＡが対象とする業務の粒度は細かいため、ヒアリングに要する時間は長くなり、結果、いつまでたってもシナリオが完成しないという状況は想像に難くありません。そのため、時間と費用を費やすばかりで、いつまでたってもシナリオ作成が進まないということになってしまうのです。

なお、大企業では情報システム部門がＲＰＡ導入を主導しているケースがほとんどです。「辻褄が合わないじゃないか」というご指摘もあるかと思いますが、大企業は毎年、一定額のシステム化予算を確保しており、多くの場合、予算を潤沢に使えるため、シナリオ開発を外注することがほとんどです。時にはグループの情報システム会社を持っており、そちらで作業を請け負うケースもあります。つまり、外注できる、システム子会社がある、予算を数千万円単位でつけられる……と、条件はかなり恵まれています。これらの条件が満たされるのであれば、情報システム部門主導で導入していいのではないでしょうか。

中小・中堅企業は、このような条件がそろう可能性は低いため、情報システム部門が主導してしまうと無理が生じて、失敗してしまうことになります。なお、大企業であっても、情報システム部門主導では予想外のコスト増となり、体制の見直しを図っている企業も少なくありません。くれぐれもご注意ください。

経営層の関与も重要

本書で推奨しているのは、**事業部門がシナリオの作成・変更を行う、「事業部門主導によるRPA導入」**です。ただ、中堅・中小企業であれば事業部門主導で間違いないかといえば、プロダクトを選ぶ段階で失敗してしまうことがあります。普段はプログラミングなどを担当しない一般社員が自分たちでシナリオ作りをするので、Excelに毛が生えたぐらいで操作できる簡単なプロダクトが理想です。

ところが、「売れているから」「大企業が入れているから」という理由で「WinActor」や「UiPath」などのプロダクトを導入したとします。これらは、シナリオ設定のインターフェースはプログラミングレベルの難易度であり、一朝一夕で事業部門の社員が扱えるようになる代物ではないのです。「このままでは使えない」となり、結局はエキスパートの派遣社員を雇うか、システム会社に開発を外注するか、あきらめるかという事態に陥ります。こういった時に備えて、情報システム部門とチーム体制を組み、技術的なサポートを受けることが有効です。

プロジェクト化するということは、経営層が関与していくことになります。「事業部門主導、情報システム部が管理・サポート」のような体制であっても、**プロジェクトチームに丸投げではなく、決定権のあるトップが業務を調整し、運営する必要があります**。このことを念頭に置きながら、プロジェクトチーム発足を目指してください。

05

「ＥＵＣ」の視点に立って導入しないとうまくいかない

ＲＰＡはＩＴツールではありますが、繰り返すように「現場ごとに必要な個別性の高い業務」を自動化していくものです。Excelのマクロに似ていると述べましたが、Excelのマクロ、ＲＰＡともに、ＥＵＣ（End User Computing：エンドユーザー・コンピューティング）と呼ばれる領域に位置する技術です。ＥＵＣとは、情報システム部門などの担当者ではなく、システムを利用する事業部門のエンドユーザー（社員）が自らシステムやソフトウェアの開発や構築に携わることを指します。

ＲＰＡでは、事業部門の担当者が自身で使うシステムを自身で開発し、運用していくことが可能です。簡単なプログラム言語でも扱える人が少ない事業部門の社員にとって、ＲＰＡを使用することで、情報システム部門の力を借りずに日常の業務を効率化できることは、有意義で理にかなっています。ＲＰＡ導入のハードルが低いといわれる理由はここにもあり、難解なプログラミング言語を習得しなくても、Excelのマクロ程度の知識があればＲＰＡを操作し、ロボット（シナリオ）を作成することができるのです。プロダクトによってはマクロさえ不要というものもあります。

事業部門にとって、日々の業務の中の大きなものはさておき、細かな定型作業をＲＰＡで自動化することで「効率化」を実感できます。**細かな定型作業は、現場の担当者ではない情報システム部門では把握できません。それゆえにＥＵＣの視点がここで活きてきます**。そのようにして自動化により生まれた時間は、人と接する業務や創造的な業務に充当することができるようになります。

しかし、いかにＥＵＣで扱いやすいとはいっても、事業部門が主導してＲＰＡを導入していくというケースでは、さまざまな壁にぶつかります。そこでサポート、またはシナリオ開発の承認、ロボットの管理を行うのが情報システム部門になります。

また、問題点として、事業部門が自分の仕事に役立つからといってシナリオを量産してしまうと、前述の「野良ロボ」が出現する可能性も高くなります。一部では「シャドーＩＴ」といった呼ばれ方もしますが、次のような弊害を生んでしまいます。

◉ＲＰＡを開発していた人が異動・退職したためにプログラムの維持・メンテナンスができず、

その後、使われなくなったまま放置されてしまう

◉ＲＰＡの設計が不明のため放置されてしまう

◉セキュリティに問題があり、第三者が手を加えた場合、情報漏洩などの意図しない動作をしてしまう

大手金融機関では、本社の社員５０００人に対して１人１台ロボットを導入するプロジェクトがすでにスタートしています。事業部門の効率化は進み、生産性向上に期待できますが、その一方で野良ロボ出現のリスクも高くなってしまいます。

情報システム部門が担う役割

ＥＵＣの観点で事業部門が主体とは述べましたが、実は導入に対して情報システム部門の役割は重要であり、導入後の運用にも積極的に関与していく必要があります。情報システム部門の役割をまとめると、シナリオ開発の承認、稼働しているロボットの点検・管理、不要なロボットの廃棄などがあります。

また、いかにＥＵＣとはいっても、事業部門のメンバーはプログラミングには縁遠いため、シナリオ作成にあたってさまざまな問題が生じてきます。

◉ＲＰＡがうまく動作しない
◉ＲＰＡがちょっとしたことで止まってしまう
◉ＲＰＡを作った人が休暇などで不在になると誰も対応できない
◉会社のセキュリティ規定をクリアできない

このような問題は業務に支障をきたし、引いては会社の利益を損ねることにもなりかねません。しかし、情報システム部門と連携が取れていなければ、事業部門の担当者は自分でなんとかしようと四苦八苦し、さらに深みにはまる可能性もあります。疑問や不明点などがあれば、即座に情報システム部門のサポートを受けられるようになるのが理想です。

ＥＵＣの観点を活かしながら、ＩＴのプロがしっかりサポートしていく。両者が連携したプロジェクトチームの必要性は、こんなところにも生まれてくるのです。

06 事業部門が主導するからうまくいく

事業部門が主導するメリットは、自分たちの業務を詳細に理解していることに加えて、頻繁に発生するシナリオの変更に迅速に対応できることにあります。

たとえば、「Excelのフォーマットが変わる」ということもあれば、「使用するPCが変わる」ということもあります。ほかにも、RPAが外部サイトを巡回し、サイト上の画像を認識してその下に記載されたデータを取得する場合、そのサイトの構造や画像自体が変わってしまうと、正常に処理が行えなくなってしまいます。

時には、それ以外の原因でRPAが止まってしまうこともあります。たとえば、作業に使うファイルが「DATA_20210720.txt」だったとします。しかし何かの拍子に「Data_20210720.txt」と大文字・小文字が混在した名称に変更されてしまったというケース。その場合、人間なら「あ、名前が書き換わったのか」と理解して問題なく作業をこなせますが、ロボットはそうした判断を行えません。ファイルを見つけ出せないロボットは、任されていた業務をストップします。

これらに対応するためには、変更に合わせてＲＰＡのシナリオを都度、変更する必要があります。もしも、ですが、シナリオ開発を外注していたとしたら、「アイコンのデザインが多少変わった」「ファイルの名称の一部が変わった」という些末なことでも外部のシステム会社に作業を依頼しなくてはならず、コストも時間も無駄に費やしてしまいます。アイコンのデザインが変わり、画像をキャプチャーする程度のことで、シナリオ変更費用を10万円程度請求されたら、コストの回収・費用対効果の向上など、望むべくもありません。

「最初からエラーに対応できないのか？」という意見もあります。しかし、こうした単純な変更に対応するには、名称変更などを想定してエラーに対処したり、絶対に画像アイコンの変更が起こり得ないように前処理を行ったりする必要があります。そうなってしまえば、業務の設計よりも多くの時間・お金・手間を要してしまいます。**結局は、変更が起きたら事業部門の担当者が対応できるような簡単なプロダクトを採用したほうが、大幅に安上がりになる**のです。

事業部門と情報システム部門の役割分担

ＲＰＡでシナリオを作成するとわかりますが、人間が行う通常業務は思いのほか、さまざまな判断が入り込んでいるのです。そのため、一定の変更に対しては、ＲＰＡシナリオのメンテナンスが必要になってきます〈図表15〉。

このうち、基幹システムの変更やPC基盤の変更などは、事業部門の担当者には手に負えないケースもあります。こうなると情報システム部門の出番となります。最初から、「技術難易度が高いものは情報システム部門が担当する」と線引きしておいてもいいでしょう。

事業部門が主導してシナリオの作成・変更を行う場合でも情報システムの手助けが必要となるのです。それぞれの役割をまとめると、次のようになります。

①プロダクト選び

事業部門：自部門がシナリオ開発を行うことを前提に、プログラミング知識を要す

図表15　シナリオ変更が必要なシーン

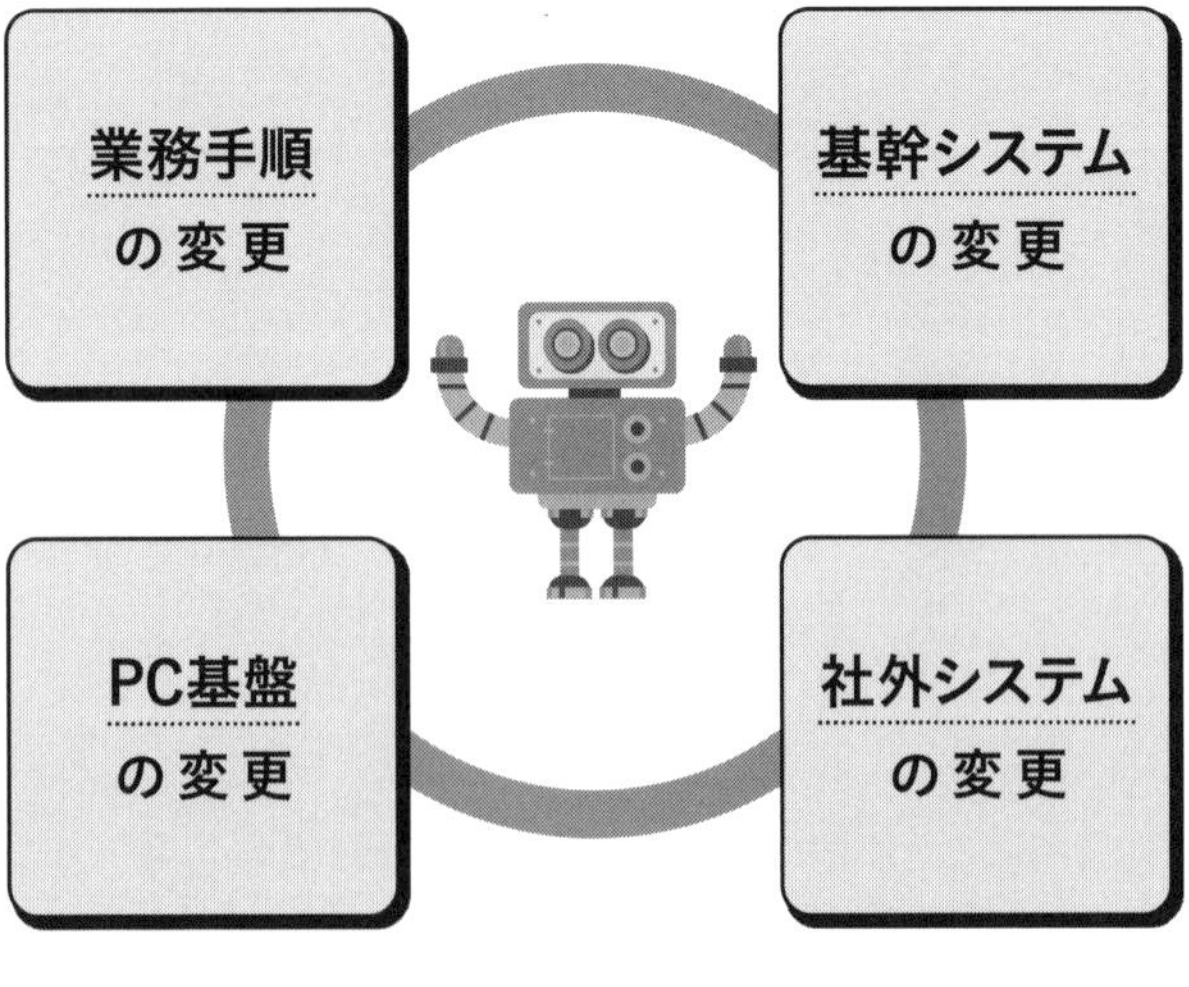

ことなくGUIで開発できるプロダクトを選定する。
情報システム部門：どのようなプロダクトであってもアクシデントに対してサポートできる体制を整える。

②シナリオの作成

事業部門：シナリオ作成に関する稟議申請を行い、承認が下りたあとに開発PCの貸与を受け、シナリオの作成を行う。
情報システム部門：シナリオ作成に関する稟議申請を承認する。稟議には、業務手順および操作対象となるシステム、システムに対するデータ操作（照会／変更／削除）、RPAによる自動化で期待できる業務削減効果などを記載させる。また、事業部門の技術サポートを行い、技術難易度が高いシナリオは情報システム部門が作成を行う。

③シナリオの稼働・管理

事業部門：自身で作成したシナリオで業務を運用する。
情報システム部門：プロダクトのライセンスと稼働PCの管理、シナリオ稼働状況の把握、事業部門単位でのシナリオ実行スケジュールの管理、シナリオファイルのマスタ管理などを行う。また、一定期間の稼働を経て、稟議申請時に想定した業務削減効果がどの程度実現できているのかの検証を行う。

④シナリオの変更

事業部門：画像の再キャプチャーや手順変更など、軽微な修正については事業部門が自ら行う。変更した内容について、開発時に提出した稟議申請の内容を変更し、再承認を得る。

情報システム部門：変更に関する稟議申請を再承認する。また、事業部門の技術サポートを行い、技術難易度が高いシナリオは情報システム部門が作成を行う。

これらは図表16でいえばⒷになります。

図表16　運用体制の2つのパターン

観点	Ⓐ 情報システム部門主導型	Ⓑ 事業部門主導型
特徴	シナリオの作成・変更を情報システム部門が横串で管理	シナリオの作成・変更は事業部門が行い、情報システム部門は横串で統制
採用プロダクト	全社単一プロダクト	場合によっては複数種類
シナリオの利用	事業部門	事業部門
シナリオの作成・変更	情報システム部門（事業部門の要件定義への参加が必要）	事業部門（情報システム部門の承認を必要とし、技術サポートを受ける）
シナリオの管理	情報システム部門（稼働PC／稼働状況／実行スケジュール／シナリオのマスターなどを管理）	情報システム部門（稼働PC／稼働状況／実行スケジュール／シナリオのマスターなどを管理）

07 事業部門主導のＲＰＡの「落とし穴」を知っておこう

情報システム部門のサポートを得ながら、たとえばスタッフ部門の経理部がプロダクトのトライアルを行い、本導入の運びになったとします。経理部以外の他の部門にもシナリオ作成を展開していきたいところですが、他の部門にとってＲＰＡは未知の世界です。事業部門主導とはいってもそれぞれに独立していますから、プロジェクトチームが各事業部門に対して、横断的に時間や手間が必要になることを周知させる必要があります。

中には「経理部はすでに導入しているのだから、営業部でも簡単に導入できる」と、誤った認識で、業務の隙間に導入を目指す企業もあります。当然ながら、営業部でＲＰＡ担当に任命された社員は、経理部担当者がトライアルで歩んだ道筋をたどるため、技術をキャッチアップするのに相応の時間を要します。どの程度の時間が必要となるかは、担当者のＩＴリテラシー、選定された業務、操作対象となるシステムなどに左右されるため一概には言えませんが、毎日残業1時間で作業したとして、1～2週間でどうにかできるレベルではないと考えてください。

実際、私が知るとある企業の営業部の課長代理は、日常業務の傍ら、土日出勤でRPAに取り組みました。担当者は気合と根性でチャレンジしたのですが疲弊してしまい、半年後、導入を断念することになりました。これは部門全体で「RPA導入は簡単である」と誤認したことから発生した落とし穴です。RPAを導入するには、これまでと同量の日常業務と併せて取り組むことは難しく、完遂するまで部門全体で業務調整を行う必要があるのです。事業部門主導というのは、**現場の統括者や上長による業務調整などを行うことを前提にしており、あくまで現場担当者主導ではない**のです。

情報システム部門との連携が鍵に

さて、このように事業部門がそれぞれにRPAを導入していくなかで、さまざまな壁にぶつかります。その時の技術サポート、シナリオの承認、シナリオの管理を行うのが情報システム部門になります。事業部門主導とはいっても、情報システム部門の役割は重要であることはこれまで述べてきた通りです。また、RPAを導入する事業部門が増えるほど、野良ロボが出現する可能性が上がってしまいます。関わる部門、人員が多くなるに従い、あらゆる事態を想定して、情報システム部門が横串で統制していく必要があります。

また、先んじて導入したトライアル担当者はすでに理解していることですが、RPAを「魔法の杖」のように思ってしまう人もいます。しかし、それは勘違いです。

「どんな業務でも低コストで簡単に自動化できる」というのは誤りで、前述のように、RPAは何も知らない新入社員のようなものです。新入社員にいきなり判断が必要な案件を任せられるはずはなく、最初はコピーや宛名の印刷など簡単な業務を担当させます。その後、どのように設計・運用し、使いこなすかは、事業部門担当者の腕次第ということになります。

これらの落とし穴をクリアできれば、あとは実際の運用へと移行していきますが、成功するには一にも二にも業務選定です。私はボトムアップ型で、事業部門の担当者が目の前で手間だと思っている定型作業をシナリオ化し、ロボットに任せるのがベストの選択だと思います。

RPAの知識・スキルが増した現場の社員が、もう一段階上の現場で役立つロボットを作成し、ゆくゆくは社内で共有します。そのまま使えるものは使い、そうでなければ参考にできそうな例としてノウハウを蓄積していきます。**増加していくシナリオを野良ロボ化させるわけにはいかないため、情報システム部門が横串でしっかり管理していきます**。

これらのアプローチを持って、全社へスケールさせていけばRPAの落とし穴に落ちることなく、業務効率が圧倒的に上がるのではないでしょうか。

08 RPA導入推進の心得

RPA導入段階のまとめとして、「RPA導入推進の心得」を4つ、挙げておきたいと思います。ここまでに触れた内容のおさらいとして、再確認していただければと思います。

心得1　難しいシナリオは後回し

第4章の01でトライアルの進め方について述べましたが、1~2カ月と限られているトライアル期間の中で、自動化により実現した業務削減時間、シナリオ作成にかかった時間、自社環境のネットワークやセキュリティの制約の有無などを総合的に判断し、本導入に進むべきかを判断しなくてはなりません。また、初めてプロダクトを扱うことから、技術キャッチアップの時間も確保する必要があります。すると、必然的にトライアル期間で自動化する業務は簡単な作業で構成されるもの、ということになります。より複雑な工程が含まれ、実務的な観点でぜひ効率化したいものがあっても、それはシナリオ操作に慣れてから自動化しましょう。

GUI操作ができ、初心者でも扱えるプロダクトを採用したとしても、RPAはITツールです。ITリテラシーが高くない事業部門にとっては、たとえば5つの作業ステップを自動化することですら、それなりの時間がかかります。焦らず、まずは簡単な作業を自動化していき、プロダクトに関するノウハウを蓄積しましょう。その積み重ねにより、思ったよりも短期間で難しいシナリオを作成できるようになるものです。

また、本導入後の全社展開においても、新たにプロジェクトに参画したメンバーはプロダクトの操作に慣れていません。初期段階に作成するシナリオは、トライアル期間同様、「システムにログインして検索条件を指定し、あるデータをダウンロードする」といった簡単な作業にしましょう。初めから難しい業務を対象にすると、「やっぱり難しいから、RPAはやめよう」と担当者があきらめてしまい、RPA導入が全社に行き渡らなくなってしまいます。

さらに、本導入が進んで、ある程度複雑なシナリオに挑戦する際も、当初考えていたよりも実装が難しくなることはよくあります。情報システム部門のサポートを受けて解消すればよいのですが、メーカーに問い合わせても明確な解が得られず時間がかかる場合、ほかに自動化したい業務のシナリオに着手するなど、そのシナリオに関する作業はいったん中断することをお勧めします。ほかのメンバーがシナリオを作成していく中でノウハウが貯まることもありますので、**特定のシナリオにこだわらず、できるところから臨機応変に着手することが重要**です。

心得2　完璧なシナリオにこだわらない

シナリオ操作に慣れていき、ノウハウが貯まってくると、人間は誰しも欲が出てきます。「毎朝ライバル企業のホームページを巡回し、価格データをリスト化する」というシナリオがあったとして、「更新があった瞬間にデータを取りにいく」「価格の変更があった場合のみデータをリストに落とす」などといった付加価値を付け加えていくと、難易度が増していくことになります。

確かに、更新してからすぐにデータを取得できればリアルタイム性が高まりますし、変更のあったデータのみがリスト化されていれば確認作業は楽になりますが、その部分のシナリオ化に数十時間がかかる場合、果たしてそれは実装すべきでしょうか。1日に1回、価格がわかれば十分であるとすれば、毎日見ていればどこが変更点かを判断することは容易でしょうから、そこまで完璧なシナリオを目指す必要はないといえます。

RPAで自動化する業務に限らず、日本企業の現場担当者は、欧米企業と比べて些細なことまで完璧主義で行う傾向があるといわれます。たとえば資料を作成する際、些細な表現が気になったり、挿入する図の細部にこだわったりして時間をかけてしまった経験はありませんか。

第1章で、欧米の企業には業務全体を監督するプロセスオーナーが存在することに触れましたが、「その作業を精緻に行うことで、会社にどんなメリットがあるのか？」という問いを現場担当者が常に意識し、**本当に必要な業務を必要なレベルでこなすというリターン重視の姿勢で取り組まないと、業務の効率化はいつまでたっても実現できないでしょう。**

心得3　RPAにこだわらない

「RPA導入の目的は、生産性を上げることである」という大前提をあらためて認識することです。第3章の01で、食洗器を使った食器洗いの例を示しましたが、業務の全工程を自動化しようとするととても複雑なシナリオになり、開発に時間がかかったり、自社での開発が難しくなったりします。

日常の業務は複数のステップからなり、各ステップは複雑な判断が必要であったり、複雑な判断が不要で一定のルールのもとでボタン押下などを行う単純作業だけであったりします。前者は人が担当したほうが早い作業、後者はRPAに向いている作業になります。〝業務〟ではなく〝行動〟に注目し、業務を一つひとつの作業（＝行動）レベルに分解し、判断を伴う作業は人間が、判断を伴わない作業はRPAが担当するように役割分担をするのが大事です。

また、この応用として、デジタル化する手段にも向き不向きがあります。たとえば、Excelのシート上のみで処理が完結する作業については、RPAではなく、Excelマクロを活用したほうが、処理の安定性やスピードを高めることができます。一方、ExcelマクロはExcelしか処理できないため、WEBブラウザやメール、Excelなど、複数のアプリケーションをまたいだ比較的簡単な作業はRPAで自動化すべきなのです。

さらに、データベースの利用やサーバー上での処理が必要なものは、基幹システムやクラウドサービスでしか実現できないこともあります。

ITリテラシーが高くない事業部門の担当者が目的に応じてさまざまな手段を選定することは難しいかもしれませんが、**「業務すべてをRPAで自動化しなくては意味がない」という考えは捨て、人間が担当することを含めて、ほかにも手段がないか、実現方法を幅広く考える癖をつけていきたい**ものです。

心得4　既存の業務手順を見直す

もうひとつ重要になるのが、RPAを導入する際に業務手順の見直しをするということです。業務の見直しといえば、BPR（Business Process Re-engineering：ビジネスプロセス・リエンジニアリング）という言葉が知られています。BPRは企業の目標を達成するために、企業活動や組織構造、業務フローを抜本的に見直すことを指します。一般的に「業務改革」というとBRPを意味し、具体的には基幹システムを刷新することで業務のデジタル化や効率化、標準化を果たすことが近年は多いでしょう。

ＢＰＲは現状を否定し、全体最適の視点で従来のやり方を抜本的に見直すことから、経営企画部や情報システム部などの管理部門が主導するトップダウン型のアプローチになります。

一方、「業務改善」という言葉もあり、こちらは各事業部門が主導し、現状の業務の制約の中で、それぞれの個別業務を部分最適で是正していくボトムアップ型のアプローチです。従来、業務の見直しというとトップダウン型のＢＰＲが主流でしたが、全体最適ではどうしても現場の細かなニーズに応えることはできず、全社で決められた基幹システムは利用するものの、それとは別に各事業部門で管理用のExcelを用意したりと、かえって業務の非効率を生んでいる実情があります。そのため、トップダウン型の「業務改革（ＢＰＲ）」と並行して、ボトムアップ型の「業務改善」を行うことの重要性が見直されています。

ＲＰＡは部分最適で事業部門主導で導入すべきものであるため、「業務改善」の領域にあるといえ、ＲＰＡの登場でボトムアップ型の「業務改善」がより現実的なものになったと考えてもよいかもしれません。

ここで私が提唱したいのは、**ＲＰＡを活用して「業務改善」を進めていく際、事業部門がＢＰＲの視点を持つべき**だということです。目の前にある業務手順をそのまま「是」とするのではなく、業務手順を変更することでより効率化できないかという検討を行うことで、ＲＰＡによる自動化の効果が何倍にも大きくなるのです。業務手順を変更する視点として有名なものには「ECRS」などがありますので、参考にしてみてください〈図表17〉。

現場業務の問題点や課題は、現場担当者が一番わかっているはずです。「現状の業務手順を変更するには、各所に調整が必要だから面倒だ」などと考えず、上長や他部門などにも積極的に働きかけ、現場発信の「BPR」を進めてほしいと思います。

図表17　改善の4原則「ECRS」

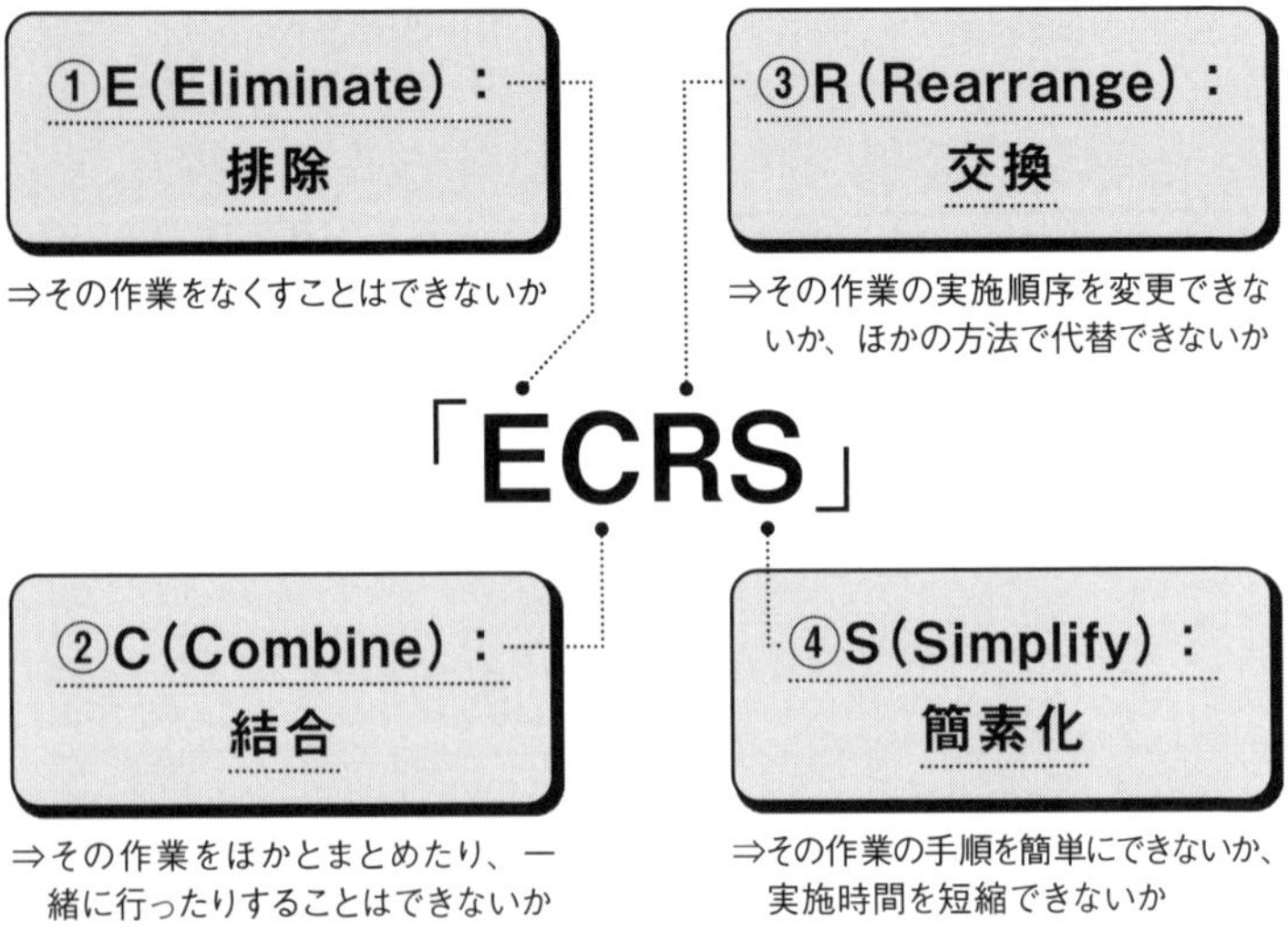

①E（Eliminate）：
排除
⇒その作業をなくすことはできないか
③R（Rearrange）：
交換
⇒その作業の実施順序を変更できないか、ほかの方法で代替できないか
「ECRS」
②C（Combine）：
結合
⇒その作業をほかとまとめたり、一緒に行ったりすることはできないか
④S（Simplify）：
簡素化
⇒その作業の手順を簡単にできないか、実施時間を短縮できないか

第5章

【実践編】

プロダクトはよくても、御社で使えなければお金のムダ

最後の章では、実践編として、実際の導入の手順からプロダクト選び、活用できる補助金・助成金、「素朴な疑問」を集めたQ&Aや事例を紹介します。RPA導入のひと通りの流れを確認していきましょう。

01 実際の導入の流れ

私はこれまで、RPAや基幹システムなどのIT導入に際し、100社以上の企業とさまざまな関わりがあった中で、経営者や導入担当者の方々と接点を持ち、コンサルティングや研修・セミナーなどを行ってきました。

その経験から言えるのは「RPA導入の正解はひとつではない」ということ。人員・予算・プロダクトの選び方・業務選定は企業によりまちまちで、その中で成功への分岐点はいくつもあります。「大企業のやり方を真似したがうまくいかない」というのは、自社で使える予算に限りがあり、担当者のITリテラシーにもレベル差があるため、ある意味で必然なのです。

そのため、導入に際しても「これをやっておけば正解」というものはありませんが、ここまで本書でお伝えしてきた導入の3つのステップを振り返りながら、重要なポイントを必要に応じて細かく解説していきます〈図表12を再掲〉。

①RPA導入計画の策定

経営者発信での導入、もしくは現場からのボトムアップ発信での導入のいずれも、実証実験を行って本導入の要否を検討する「RPA PoCチーム」の発足が必要です。「RPA PoCチーム」は全社に向けてアンケートを実施し、RPA化の対象となる大まかな業務の範囲を把握します。また、RPA導入の意義を整理し、PoCや本導入の段階と時間軸を設定してロードマップを描き、RPA導入計画を策定して全社に周知します。

ボトムアップ発信の場合に特に重要になるのが、経営者を早い時期から巻き込み、費用対効果に対してきちんと理解してもらうこと。なぜなら、経営者が注目してい

図表12　導入の3ステップ（再掲）

	1	2	3
ステップ	RPA導入計画の策定	RPAプロダクトのトライアル	RPAプロダクトの本導入
内容	・RPA PoCチームの発足 ・導入意義の整理 ・ロードマップの策定 ・対象業務の事前洗い出し ・RPA導入の周知	・プロダクトの選定 ・トライアル組織／担当者の決定 ・トライアル目標の設定 ・トライアルの実施 ・トライアルの評価、効果測定	・RPA導入プロジェクトの発足 ・本導入目標の設定 ・運用体制／ルールの詳細化 ・業務選定／シナリオの作成／シナリオの変更

◀ PoC（実証実験） ▶（ステップ1〜2）

るのは「費用対効果」だからです。業務効率化の効果だけを見ていては直近ではペイできませんが、社員の単純作業に対するストレスを軽減したり、社員の余力を生み出してより売上に貢献するような仕事にシフトさせたりするといった、人材に対する「投資」であることを認識してもらうのです。単純作業や業務多忙で疲弊しているのは現場の担当者ですので、「現場が本当にやりたいのだ」という意欲を経営者に見せる必要があります。

②RPAプロダクトのトライアル

数あるプロダクトの中から、展示会などである程度プロダクトを絞り込み、メーカーや販売代理店の営業担当者から一つひとつデモ説明を受け、具体的な商品の特徴、費用や運用イメージを把握してトライアルを行うプロダクトを2~3個選定します。続いてトライアル組織と担当者を決め、トライアルを開始していきます。

この時に重要になるのが、トライアル目標の設定です。多くのプロダクトにおいてトライアルは1~2カ月。長いように思うかもしれませんが、実際はあっという間です。**トライアル期間中にどんな業務を自動化し、最終的にいくつシナリオを作成するのか、具体的なスケジュールと対象業務、目標とするシナリオ数を必ず決めておきます**。ITリテラシーが高くない事業部門がシナリオ作成を担当することを考慮し、簡単な作業で構成される業務を選定して、1担当者が作成するシナリオの目標数は多くても2〜3個にしておきます。

また、トライアルを実施している期間中、定めたスケジュールが予定通り進んでいるか、RPA PoCチームによる作業の進捗管理も重要になります。担当者は通常業務を行いながらトライアルを進めるため、ちょっとでも技術的にわからないことがあると手が止まり、シナリオ作成を後回しにしがちです。RPA PoCチームの継続的な働きかけがトライアル成功の鍵になります。

トライアル期間の最後に、作成したシナリオの発表会を行い、その結果を受けて「自動化により実現した業務削減時間」「シナリオ作成にかかった時間」「自社環境のネットワークやセキュリティの制約の有無」などを総合的に判断し、本導入に進むのか意思決定します。

③RPAプロダクトの本導入

トライアルで一定の効果を得られたら、次のステップとして、特定部門での本格利用、他部門への展開、全社展開へとシフトしていきます。

ここで重要になるのが、**経営者直轄の「RPA導入プロジェクト」を発足させること**。事業部門の担当者が自動化に前向きでも、日常業務を担当しながらシナリオを作ることは容易ではありません。会社としてRPA導入に関する業務を正当に評価し、シナリオ作成にかかる時間を確保することが必要です。また、「全社プロジェクト」であると宣言することで、各事業部門のプロジェクトへの参画を促し、RPA導入を全社的に推進していく効果も期待できます。

プロジェクトの発足に合わせて、RPAの運用体制やルールを詳細化することも重要です。これまでも繰り返し述べている通り、シナリオの作成・変更は事業部門が主導で行い、情報システム部門が横串で統制を行う体制を構築しましょう。シナリオの作成・変更時には事業部門が上げた稟議申請を情報システム部門が承認し、承認が下りたあとに開発PCの貸与を受け、シナリオの作成・変更を行います。

情報システム部門は、シナリオ開発の技術サポート、プロダクトのライセンスと稼働PCの管理、シナリオ稼働状況の把握、事業部門単位でのシナリオ実行スケジュールの管理、シナリオファイルのマスタ管理などを行い、プロジェクトチームとは独立した中立的な立場で全社に統制をかける役割を担います。

運用体制やルールが決まったら、各事業部門で自動化対象となる業務を選定して順次シナリオを作成していきます。その後、業務手順やシステムの変更に伴い、必要に応じてシナリオを変更します。多くの業務を自動化していくためには、業務選定のハードルを下げ、「これもRPA化できるかもしれない」と事業部門に多く声を上げてもらうことが重要になります。これまで述べてきた業務選定のポイントをまとめると、図表18のようになります。

また、プロジェクト運営の方法として、**定例進捗会議をベースに、シナリオ共有会を定期的に開催していきます**。いずれも月に1~2回のペースで、各事業部門の取り組み、完成したシナリオ、うまくいった点、費用対効果などを発表していきます。理想はこのような広報活動を通じて、事業部門の社員が「うちの部にも導入できないか?」と声を上げてくれることです。

ここまでの段階で、プロジェクトチームには業務選定、シナリオ作成のコツなどノウハウが蓄積しているはずです。今後はそれを財産に、さらに展開を進めていきます。

図表18　業務選定のポイント

1 ≫ “業務”ではなく“行動”に注目する

「あるファイルをダウンロードする」「帳票を印刷する」など、一つひとつの“行動”に注目し、それらを積み上げていく（「請求書作成」などの“業務”に注目しない）

2 ≫ 完全自動化を目指さない

作業には、基幹システムが得意とする部分、ロボットが得意とする部分、人間が行ったほうが早い部分がある

3 ≫ 業務手順も併せて見直す

既存業務をそのままRPA化するのではなく、不要な業務の削減や作業手順の変更を併せて行うと、業務効率化の効果が高まる

02

具体的に何を使えばいい？

個別企業のＲＰＡ導入をご支援したり、ＲＰＡに関する公開セミナーに登壇したりすると、一番多くいただくのが「どのプロダクトを採用すればよいですか」というご質問です。「ＲＰＡサクセスカオスマップ」で取り扱われているプロダクトは２０２０年12月時点で１７４に上り、プロダクト数は増加の一途をたどっています。

プロダクト選定には、大きく３つのポイントがあります〈図表19〉。

①サーバー型かクライアント型か

サーバー型はＰＣ１台で複数シナリオを同時実行できるもの、クライアント型はＰＣ１台でシナリオを１つずつ逐次実行するものです〈図表2を再掲〉。

具体的には、サーバー型はサーバーを購入してそこにＲＰＡプロダクトをインストールし、

図表19　プロダクト選定の3つのポイント

1 ≫ サーバー型かクライアント型か

複数シナリオの同時実行が可能なサーバー型は「情報システム部門主導型」、1つのPCでシナリオを逐次実行するクライアント型は「事業部門主導型」で採用される

2 ≫ シナリオ設定のインターフェース

「情報システム部門主導型」であればプログラミング仕様のほうが開発効率が高まるが、「事業部門主導型」の場合はGUI仕様であることが必須になる

3 ≫ 初期および運用にかかるトータルコスト

ライセンス費用だけでなく、技術サポート費用も加味したトータルコストを把握し、投資対効果を判断する必要がある

図表2　サーバー型とクライアント型（再掲）

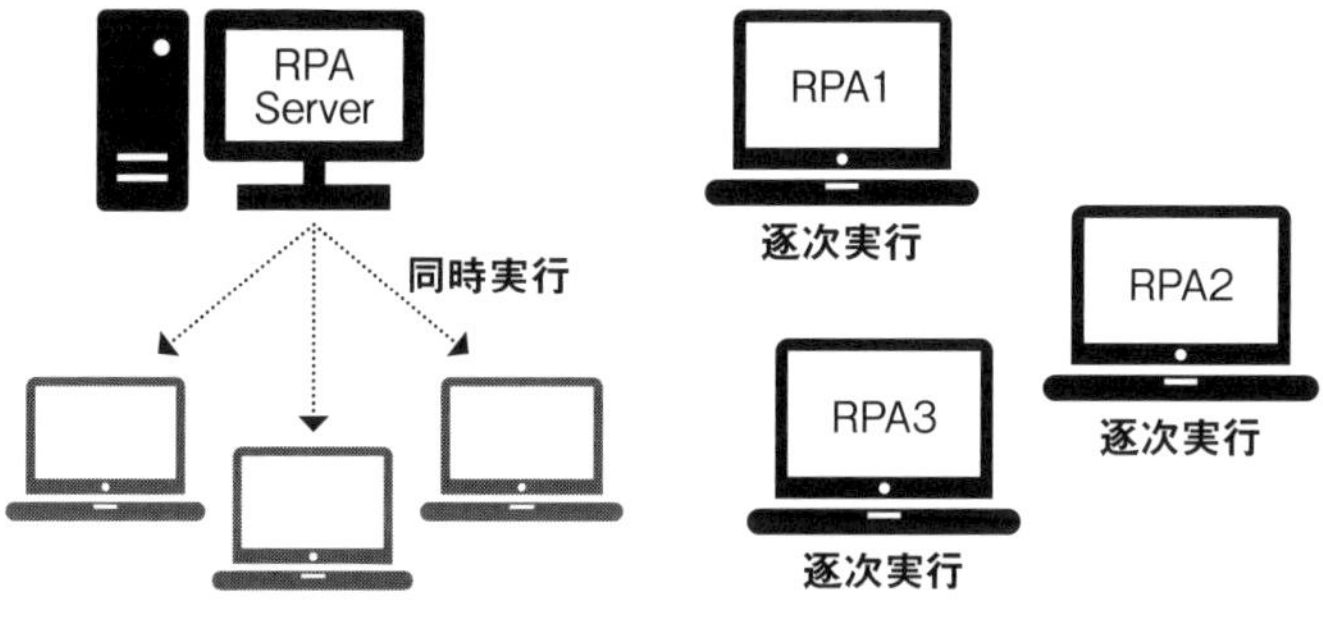

サーバー型

- 複数シナリオを同時に実行することが可能
- 高機能だがコストは高い
- 一部の大企業で導入されている

クライアント型

- それぞれのPCでシナリオを一つずつ逐次実行
- サーバー型に比べると機能は劣る場合が多いが低コスト
- 多くの企業で導入されている

サーバー内で集中してシナリオの実行を行います。複数のPCからサーバーに接続してシナリオ開発を行うこともでき、シナリオの実行スケジュールや稼働状況、稼働PCなどを集中管理できることが最大のメリットです。シナリオ数やRPAの展開先が多い大企業に好まれており、集中管理を狙うことから、情報システム部門主導型に適した形態です。ただし、サーバー型のライセンス費用は中堅・中小企業にとってはとても高価です。

一方、クライアント型はPCそれぞれにRPAプロダクトをインストールし、各PC上でシナリオの開発や実行を行います。シナリオの実行スケジュールや稼働状況、稼働PCの管理は煩雑になりますが、サーバー型と比べて安価であるため、中堅・中小企業でも採用しやすいことが最大のメリットです。

また、クライアント型には開発用と実行用のライセンスがあります。開発用はシナリオの開発環境が含まれたライセンスで実行環境を含んでおり、実行用とはシナリオの実行環境のみが含まれたライセンスです。RPA導入初期には開発用ライセンスを1つ購入して開発と実行を行い、シナリオが増えて同時に複数稼働させたい場合に実行用ライセンスを追加購入する運用が一般的です。事業部門主導型に適した形態です。

なお、近年、大企業ではサーバー型とクライアント型を併用する形式が増えています。難易度が高く、全社で活用できるシナリオは、情報システム部門（または外注先）が開発してサーバー型で稼働させ、現場ごとに発生する個別性の高い業務は、事業部門がシナリオ開発を行ってクライアント型で稼働させるのです。両者の「いいとこどり」をしたハイブリッド型とも言え、情報システム部門（または外注先）が開発するシナリオを最小限にすることで、開発工数や外注費を抑えることができます。

②シナリオ設定のインターフェース

シナリオ設定のインターフェースとは、「シナリオ開発を行う際のソフトウェアの使い勝手」を意味します。インターフェースには、コマンドベースでRPAソフトウェアに指示を与えるプログラミング仕様、デスクトップ上のアイコン画像をキャプチャーし、それをダブルクリックしたり、右クリックしたりするという指示を与えるGUI仕様があります〈次ページ図表20・21〉。

プログラミング仕様はGUI仕様に比べて高機能であり、プログラミング次第で複雑な処理を実現することが可能です。また、アイコン画像をキャプチャーする手間などが不要なため、プログラミング経験者にとっては、圧倒的に開発効率が高まることもメリットです。

ただし、各RPAソフトウェアで準備されているコマンドに限りがあるため、「ツールAはOutlookで多くの操作ができるが、Notesの操作はほとんどできない」「ツールBはIE（Intern

図表20　プログラミング仕様の例（UiPathの開発環境）

図表21　GUI仕様の例（Robo-Pat DXの開発環境）

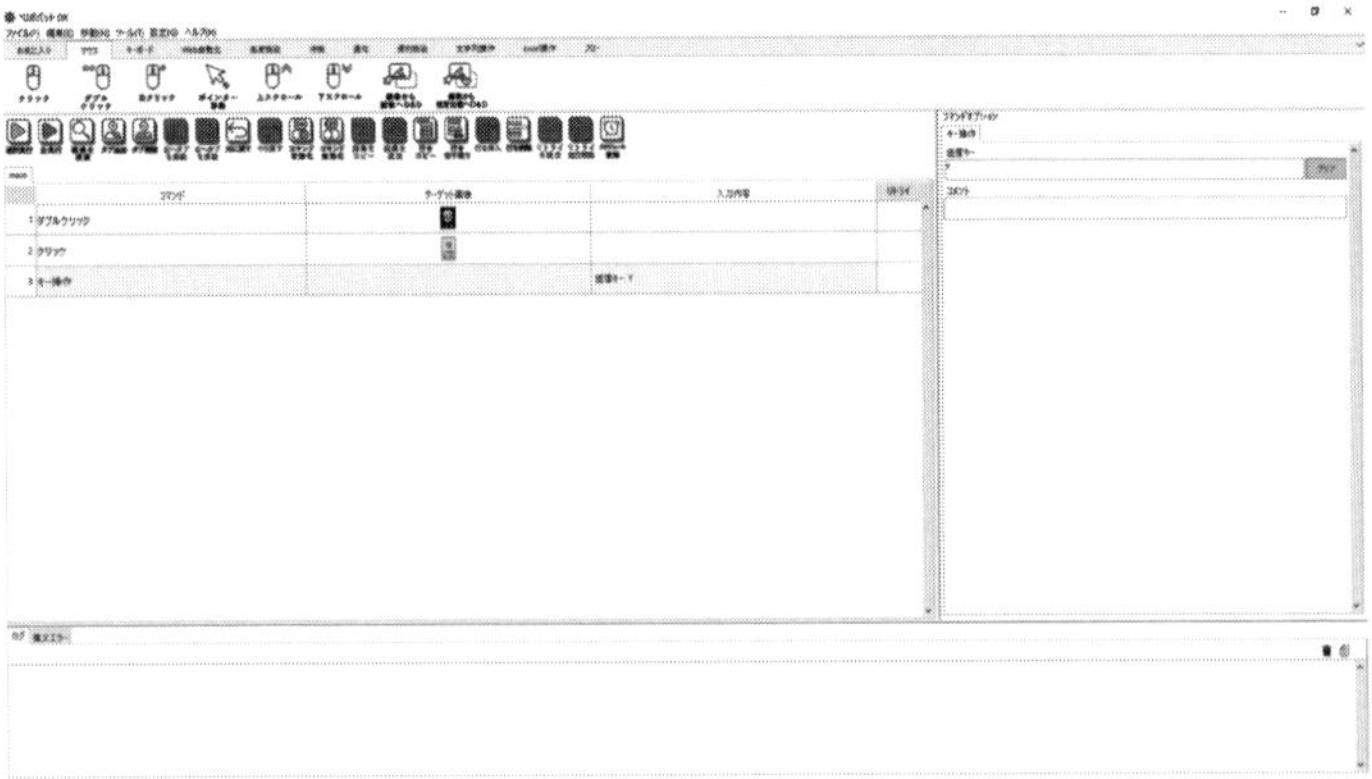

et Explorer）のＷＥＢブラウザしか利用できない」など、使用できるソフトウェアを限定します。企業によっては基幹システムを独自アプリケーションで開発しているケースもあり、その場合はプログラミング仕様を採用できないことになります。

一方、ＧＵＩ仕様は、アイコン画像とそれに対する操作を指示していくため、プログラミング経験のない、比較的ＩＴリテラシーの低い事業部門でも扱えることが最大のメリットです。また、現在のソフトウェアはほぼＧＵＩ仕様であるため、使用できるソフトウェアに制限はありません。ただし、システム環境が変わるとアイコン画像の撮り直しが必要になり、プログラミング仕様と比べると稼働が安定しないという指摘もあります。最近は画像の取り直しを容易に行えるＧＵＩ仕様のプロダクトが登場しており、そのハードルは下がりつつあります。

③初期および運用にかかるトータルコスト

プロダクト選定を行う際、ライセンス費用のみで意思決定を行う経営者の方を多く見てきましたが、発生する費用はライセンス費用だけではありません。多くのプロダクトで技術サポート費用が発生します。投資対効果の判断には、トータルの費用を勘案する必要があります。

代表的な技術サポート費用には、自社でシナリオ開発を行えない場合の外注費用、エキスパート派遣を雇う費用、技術研修費用、技術的な問い合わせへの対応費用などがあります。①

でサーバー型、②でプログラミング仕様のプロダクトを選定した場合、自社にプログラミング経験者が数多くいなければ、必然的にこれらの費用が発生すると思ってください。

これまで多くの企業をご支援していて肌で感じるのですが、日本企業は形がある「モノ」以外の情報やノウハウに対して、積極的に代金を支払おうとする意識が低いことも多くあります。「モノ」であるライセンス費用にはお金を払うものの、形がないサポート費用は基本的に無料なのが当然だと考える経営者の方も多く、サポート費用を予算に組み込まずにスタートしてしまうこともしばしばです。

情報はタダだと思ってスタートしたのはいいものの、「結局、自分たちの手には負えないね」となり、サポートを依頼することになります。それで結果的に「追加で年間400万円が必要」といったことになってしまうわけです。「できない、じゃあ派遣入れようか」「外注に頼もうか」となって本末転倒になるケースもしばしばみられます。それなら、「思い切ってプロダクトを変えてみる」というのもひとつの方法ではないでしょうか？　トライ&エラーはどのような業務にもつきものです。あきらめず挑戦してみてください。

主なプロダクトを比較してみる

この3つのポイントを踏まえ、代表的なＲＰＡプロダクトを比較してみましょう〈図表22〉。

ここまでの話でおわかりの通り、「最も売れているプロダクト＝自社に適したプロダクト」ではありません。**プロダクト選定に大きく関わるのは、「運用体制」と「トータルコストに対する予算」**です。

運用体制については、情報システム部門と事業部門のどちらがシナリオ作成を担当するのかにより、適しているプロダクトは異なります。一方、コストについては、情報システム部門主導型ではＲＰＡの全社展開にあたって開発工数の枯渇が必ず問題になるので、外注費用やエキスパート派遣を雇う費用をどこまで許容できるのか、技術サポート費用を含めたトータルコストで予算を組む必要があります。

なお、大企業では、グループ内に情報シ

図表22　代表的なRPAのプロダクト

プロダクト名	BizRobo	UiPath	WinActor	Robo-Pat DX
製造元	RPA テクノロジーズ	（英）UiPath	NTTアドバンス テクノロジ	FCE プロセス& テクノロジー
形態	サーバー型 （クライアント型もある）	クライアント型 （サーバー型もある）	クライアント型 （サーバー型もある）	クライアント型
対応言語	日本語	英語 （日本語もあるが機能が限定的）	日本語	日本語
導入企業数※	日本2,200社	世界3,700社 日本1,500社	日本6,000社	日本750社
シナリオ設定のインターフェース	プログラミング仕様	プログラミング仕様	プログラミング仕様	GUI仕様
シナリオ設定に要するスキル	プログラミングレベル	プログラミングレベル	マクロ作成レベル	PC操作レベル
技術サポート費用	数百万～ 数千万円	数百万円～	数百万円～	0円 （有料プランあり）
ライセンス費用	1OID： 720万円／年	開発用：30～60万円／年 実行用：15～75万円／年	開発用：90万8000円／年 実行用：24万8000円／年	開発用：12万円／月 実行用：4万円／月

※ 2020年4月現在

ステム子会社を持っており、そこに開発を外注することでグループ内売上を発生させているケースもあります。この場合、開発の外注に別の意味がありますので、サーバー型かつプログラミング仕様のプロダクトを採用し、情報システム子会社でシナリオの開発および管理を一元化すればよいでしょう。

現在、国内で最もシェアが高いのは「WinActor」ですが、「誰でも開発できる」という謳い文句で事業部門主導型を推奨している割に、インターフェースがプログラミング仕様でそう簡単にシナリオ開発できないのが難点です。結局は自社で開発を行うことができず、当初は予想していなかった多額の外注費用やエキスパート派遣の費用を払って、運用に苦慮している企業が増えています。

「WinActor」からほかのプロダクトに乗り換える企業も多く、今後は、割り切って外注費用を支払って専門家に開発を委託する「BizRobo」「UiPath」利用モデルか、自社の現場担当者のＩＴリテラシーを高めて自社開発を行う「Robo-Pat DX」利用モデルのいずれかに分かれるのではと考えています。

いずれにしても、ＲＰＡを自社でどのように運用し、ＲＰＡに対してどの程度の予算をかけるのか、ほかの企業を真似るのではない、経営者独自の判断が必要です。

03

困った時に、どこにサポートを頼むか

先ほどの図表22をご覧になって、プロダクトのライセンス費用はさておき、技術サポート費用の高さに驚かれた方も多いのではないでしょうか。すべて自社でまかなえるのが一番よいのですが、困った時、誰にお願いできるのかも確認しておきましょう。

依頼できるプレイヤーは、①販売代理店（メーカー）、②コンサルタント、です。

これらはいずれも外注で、基本的には有料になりますが、①販売代理店（メーカー）は、シナリオの作成代行、技術研修の実施、技術問い合わせへの対応などを行います。なお、UiPathやWinActorなど、一定以上のシェアを獲得しているプロダクトでは、代理店への教育制度を強化して、メーカーによる直接サポートを行っていない場合もあります。

当たり前ですが、①は取り扱っているプロダクトのメリットを押して営業するため、多くのプロダクトからその企業に最適なものを提案することはしません。複数のプロダクトの情報を集め、比較検討するのは自社で行う必要があります。また、ＲＰＡ導入でポイントとなる「経営者への説得（費用対効果の考え方を理解させる）」「運用体制やルールの策定・構築」「業務選定」についても、これらを包括的にサポートできる①はほとんどなく、基本的に自社で行います。①は、技術的なサポートを行うところだと理解しておけば、およそ間違いありません。

一方、②コンサルタントは、ＲＰＡ導入計画の策定からトライアル、本導入まで、一気通貫の支援を行います。①の場合は基本的に自社で行う「最適なプロダクトの選定」「経営者への説得」「運用体制などの策定・構築」「業務選定」についても、担当者の右腕として、さまざまな情報提供や社内への働きかけを行います。また、最近ではＲＰＡ導入サービスを提供するビジネスコンサルタントもおり、現場レベルのボトムアップの業務改善や、全社レベルの業務改革（ＢＰＲ）を提案して実行まで支援することもあります。もちろん業務改革や業務改善に加えて、ＲＰＡ導入を行って具体的な成果を挙げることが求められますので、業務の知識だけでなく、ＩＴに関する知識も豊富に持つコンサルタントを選ぶことが望ましいでしょう。

一方、巷で「ＲＰＡ導入を支援するコンサルタント」と名乗っている方の中には、単なるＩＴツールの導入支援屋さんで、「ＲＰＡを入れて終わり」というケースもありますので、コンサルタント選びには注意が必要です。全体像を把握して対応でき、経営層と話ができて、業務もわかり、プロダクトまで落とせる人にお願いするのがベストです。

「業務改革に本気」「進めたいのにうまくいかない」場合の選択

RPAの導入にあたり、①販売代理店(メーカー)のサポートは受けているが、②コンサルタントのサポートを受けている企業は稀でしょう。プロダクトを購入すると、必ず①のサポートがありますので、②の活用を考えるのは、言い換えれば、「プラスアルファでコンサルタントの価値を享受することをどう捉えるのか」ということです。

コンサルタントを活用する最大のメリットは、複数プロダクトの特徴を踏まえた客観性、豊富な他社事例によるベストプラクティスの提供、加えてビジネスコンサルタントの要素も持っていれば業務改革の提案力・実行力だといえます。

「RPAを単なるツール導入で終わらせたくない」「業務改革に本気で取り組みたい」といった本気度の高い方、「RPAの検討は随分前から始めているが、なかなか導入が進まない」「当初思っていたより多額の工数やコストがかかり、運用が上手くいっていない」といった一度経験してご苦労されている方は、多くの企業を支援している経験豊富なコンサルタントを味方につけるのもひとつの方法です。

RPAは情報システム部門主導ではなく、事業部門主導で進める必要があるという意味で、ITツールの中でも導入・推進が難しい技術です。コンサルタントをうまく使えば、経営・業務(現場)・ITの橋渡しを行い、RPA導入を成功へと導いてくれるはずです。

04 補助金と助成金の活用でこんなにトクできる

中堅・中小企業にとっては、補助金・助成金の活用は非常に魅力的です。近年、ＲＰＡは国や自治体の「イチ押し」の技術ですので、活用できる補助金・助成金の数は増加傾向にあります。補助金・助成金には、国が提供するもの、自治体が提供するものなど、さまざまなものがありますが、ここでは国が提供するものに焦点を絞ってお伝えしていきます。

まず、基本的な考え方ですが、補助金・助成金は年度ごとの国の政策により内容が変わるため、情報の取得が非常に難しくなっています。公募時期やＷＥＢサイトのＵＲＬが毎年変わることが一般的であり、大型台風や新型コロナウイルスといった災害によって公募時期のほか、採択結果の発表時期、事業実施時期なども予告なく変更されます。こうした点では、**情報がいち早く入ってくる専門家に尋ねるのが最も近道**だと思います。

多くの補助金・助成金で年度ごとの変更などが多い理由は、「国による随意契約」が原則ルール違反にあたるため、毎年公募して事務局を選んでいることにあります。そのため、請け負った事務局によって、WEBサイトのURLが異なることはもちろん、形態も統一性がなく、期間が終わると情報ページそのものが削除されてしまいます。補助金・助成金の対象期間のみ検索できますが、そもそも補助金・助成金の種類や対象期間がまとまって公表されていないため、情報検索自体が難しいというのが実態です。

私自身も、企業のご支援にあたる際には、補助金・助成金について詳しい中小企業診断士・社会保険労務士と連携を取り、最新情報を入手しています。

以下、補助金・助成金の基本的な知識を、4つのポイントでまとめておきます。

①補助金と助成金の違い

補助金と助成金を同じだと捉えている方もおられますが、この2つは異なるものです。国が提供する代表的な補助金と助成金の違いは、次ページ図表23のようになります。

補助金は経済産業省の管轄であり、「経済の活性化」を目的にしています。設備投資やシステム投資など、企業がお金を使うことを前提としており、その支出に対して2分の1や3分の2などの金額があとから支給されます。

一般的には事業計画の審査があり、助成金と比べると採択率が低いことが特徴です。**定められた公募期間に事業計画を提出して相対評価を受け、コンペティションを通過した企業のみが補助金を獲得できる**というイメージです。

一方、助成金は厚生労働省の管轄であり、「労働環境の向上」を目的にしています。従業員を雇用したり、雇用を維持したり、雇用環境を改善したりした場合に一定額が支給されます。

たとえば雇用調整助成金は、新型コロナウイルスで企業の申請が殺到したことで有名になりましたよね。最近では、雇用環境の改善として、ＩＴ導入によるテレワーク推進や労働能率の増進を実施した企業に、

図表23　補助金と助成金はどう違う？

特徴	補助金	助成金
管轄	経済産業省	厚生労働省
目的	経済の活性化	労働環境の向上
対象	投資に対する補助	改善活動に対する助成
支給要件	審査に通れば支給	条件を満たせば 必ず支給
代行委託先	中小企業診断士、 行政書士など	社会保険労務士

経費の一部を支給するものなども登場しています。助成金は基本的に条件を満たせば必ず支給を受けられますが、その期の予算を消化すると申請受付が終了するため、**早いもの勝ちで獲得できる**というイメージです。

補助金・助成金ともに、各年の補正予算で予算化されるので、公募・申請受付の開始はおよそ4月です。補助金は年度の中で2〜3回程度公募されることが一般的でしたが、２０１９年度補正（２０２０年度）から4〜5回と公募回数が増加しました。

②補助金・助成金の対象者

続いて、補助金や助成金を申請できる事業者の条件を見ていきましょう。補助金や助成金によって細かな条件は異なるため、詳細は各制度の申請要領を確認することをお勧めしますが、機械設備やシステムの投資に対して補助が行われ、一般的にもよく知られている「ものづくり補助金」について、一般的な企業や個人（組合以外）における条件を次ページ図表24に示しておきます。

資本金または従業員数（常勤）がこの図表24の数字以下となる会社または個人であることが求められます。ただし、発行済株式の総数または出資価格の総額の3分の2以上を大企業が所有している中小企業者などは「みなし大企業」とされ、対象外です。**基本的には、中堅・中小**

企業を支援する政策であると理解しておけばよいでしょう。

③補助金・助成金の活用の流れ

次に、補助金・助成金を活用する際のステップを見て行きましょう。こちらも補助金や助成金によって異なるため、詳細は各制度の申請要領を確認することをお勧めしますが、図表25に「ものづくり補助金」の例を示しておきます。

多くの補助金・助成金の支給額は数十〜百万円ですが、「ものづくり補助金」のように最大1000万円の支給があるものもあります。

一般的には支給額が大きいほど審査が

図表24　「ものづくり補助金」の対象事業者（組合関連以外）
（〔一般型・グローバル展開型〕2019年度補正／2020年度補正・7次締切分）

業種	資本金	従業員数（常勤）
製造業、建設業、運輸業	3億円	300人
卸売業	1億円	100人
サービス業（ソフトウェア業、情報処理サービス業、旅館業を除く）	5000万円	100人
小売業	5000万円	50人
ゴム製品製造業（自動車または航空機用タイヤおよびチューブ製造業並びに工業用ベルト製造業を除く）	3億円	900人
ソフトウェア業または情報処理サービス業	3億円	300人
旅館業	5000万円	200人
その他の業種（上記以外）	3億円	300人

図表25　「ものづくり補助金」の流れ
（〔一般型・グローバル展開型〕2019年度補正／2020年度補正・7次締切分）

ステップ	内容
①公募申請	公募要領を確認し、事業計画書など必要書類を準備、事業者が申請を行う
②採択通知	申請書をもとに事務局による審査が行われ、採択または不採択が発表・通知される
③交付申請	採択決定を受けた事業者が、交付を受けるための申請を行う
④事業実施	交付決定を受けた事業者が、システムやITツールに関する契約の締結・導入・代金の支払いを行う
⑤実施報告	契約書・納品書・領収書などの証憑《しょうひょう》を準備、事業者が事業実施の報告を行う
⑥検査・確定	事務局による書類検査・実施検査が行われ、補助金額が確定する
⑦請求	事業者が確定した補助金額を確認し、事務局あてに請求書を提出する
⑧入金	事務局が指定の振込口座に補助金を入金する
⑨効果報告	事務局から求められた場合に事業者は事業報告の義務を負う

厳しく、準備する申請書類の準備にかなりの工数がかかるため、**支給額が大きいものは、申請代行の利用をお勧めします**。申請代行サービスは、補助金であれば中小企業診断士や行政書士、助成金であれば社会保険労務士が提供しています。図表25の中で作業を代行してもらえるのは、主に「①公募申請」に関わる必要書類の準備の部分です。

申請代行のメリットは、「申請書類作成の工数削減」と、補助金の場合には「採択率の向上」です。補助金の審査委員は中小企業診断士が行っており、その経験をもとに審査ポイントを熟知している代行業者も多いため、そうした業者に依頼できれば、審査が非常に有利になります。

申請代行の費用は、着手金が5～15万円ぐらい、成功報酬で10～15%ぐらいが相場です。

④RPA導入に活用できる補助金・助成金

最後に、RPA導入に活用できる補助金・助成金を図表26に紹介しておきます。

なお、各補助金で新型コロナウイルス対策の特別枠が設けられましたが、その記載は除いています。

図表26　RPA導入に活用できる補助金・助成金（2019年度補正／2020年度補正）

特徴	①IT導入補助金	②ものづくり補助金	③働き方改革推進支援助成金（労働時間短縮・年休促進支援コース）
趣旨	生産性向上に寄与するIT投資への補助	革新的な製品・サービス開発／生産プロセス・サービス提供方法の改善に必要な設備・システム投資などへの補助	生産性の向上による、労働時間の縮減や年次有給休暇の促進に向けた環境整備への助成
補助額	A類型： 30〜150万円 B類型： 150〜450万円	100〜1000万円	時間外労働時間数などを月60時間以下に設定：50〜100万円 時間外労働時間数などを月60時間を超え、月80時間以下に設定：50万円
補助率	1/2	中小企業者：1/2 小規模事業者：2/3	通常：3/4 小規模事業者かつ特定取組あり：4/5
対象経費（主なもの）	・パッケージソフトウェアの初期費用／保守費用 ・クラウドサービスの初期費用／利用費用 ・導入設定費用 ・コンサルティング費用 ※ハードウェアは対象外 ※カスタマイズなどのシステム開発費用は対象外	・機械設備の導入費用（機械費用＋設定費用） ・システムの構築費用（ハードウェア＋ソフトウェア） ・導入設定費用 ・コンサルティング費用 ※カスタマイズなどのシステム開発費用も対象	・労務管理用ソフトウェアの導入／更新 ・労務管理用機器の導入／更新 ・デジタル式運行記録計の導入／更新 ・労働能率の増進に資する設備／機器などの導入／更新 ・コンサルティング費用

05

RPAの「素朴な疑問」Q&A

「RPAとは何か」というところから、RPAの「選び方」「使い方」「運用方法」までまとめてきました。ここで経営者の方々が抱きがちな「素朴な疑問」をまとめておきます。本書全体をおさらいしつつ、最後のまとめとして確認していきましょう。

Q1　RPAって、大企業向けの技術でしょう？

A1　従業員3名でも導入している企業があります。従業員数に対して定型作業が多いなら、費用対効果は十分に見込めると思われます。「ロボットに任せられる業務の数」で判断してはいかがでしょうか。

Q2　導入にあたって、誰が関与すればいいの？

Ａ２　基幹システムやクラウドサービスは情報システム部門が主導して導入を進めることが多いですが、ＲＰＡはそれではうまくいきません。推奨しているのは、シナリオの作成や変更を事業部門の担当者が自ら進める、事業部門主導型です。一方、情報システム部門は開発にあたっての技術サポート、シナリオ開発の管理、シナリオ実行の管理、シナリオファイルの管理などを行い、担当者個人が好き勝手にシナリオを作成して管理不能になることを抑制していきます。

Ｑ３　社内に技術に詳しい人間がいないんだけど？

Ａ３　販売代理店やメーカーが提供しているサービスとして、シナリオ作成代行、技術研修の実施、技術的な問い合わせへの対応などがあります。また、エキスパート派遣を雇ってシナリオ作成を行ってもらうこともできます。ただし、極力コストをかけないのであれば、ＩＴリテラシーが低い担当者でも使えるプロダクトを採用するほうがよほど早く、低コストで済みます。

Ｑ４　導入までにどれくらい時間がかかるの？

Ａ４　簡単なプロダクトだと、１～２カ月程度の時間で、現場で使えるようになります。難しいプロダクトを選択してしまうと、体制にもよりますが2カ月でようやくシナリオが1つできるかどうかというところです。

Q5　導入費用はどれくらいなの？

A5　採用するプロダクトによって異なりますが、現在普及しているクライアント型だと、シナリオの開発環境・実況環境を含めた開発用ライセンスでおよそ年間100万円程度です。これに加え、自社でシナリオ開発や技術研修などを行えない場合、数百万円程度の外注コストが発生します。

Q6　どんな業務を自動化できるの？

A6　現在のRPAでは、判断や例外的な処理を伴わない、作業手順が決まっている定型作業を自動化できると考えて問題ありません。ただし、「請求書発行」といったひとつのまとまった「業務」に着目するのではなく、「請求書送付先の住所を封筒ラベル印刷する」「請求書を印刷する」といった「行動」に注目し、個々の「行動」を自動化します。「業務すべてをRPAで自動化しなくては意味がない」といった考えは捨てて、業務を細切れにし、判断を伴う作業は人間に、単純作業はRPAにと、それぞれに得意な作業を任せることが重要です。

Q7　どのプロダクトを採用すればいいの？

A7　「最も売れているプロダクト＝自社に適したプロダクト」ではありません。プロダクト選定に大きく関わるのは、運用体制とトータルコストに対する予算です。運用体制については、情報システム部門と事業部門のどちらがシナリオ作成を担当するのか、コストについては、情報システム部門主導型の場合、外注費用やエキスパート派遣を雇う費用をどこまで許容できるのか、それぞれ決定した上で適したプロダクトを採用する形になります。

Q8　本当に効果はあるの？

A8　ＲＰＡによる業務時間の削減にのみ着目し、それを時給換算するだけでは、大きな効果は認められません。「削減した時間をどのように有効活用したか」によって、副次的な効果をもたらすものだからです。プロダクトの操作に慣れてノウハウが蓄積されれば、自動化できる業務が増え、削減時間も大きくなります。また新卒採用でＲＰＡを導入している企業であることを売りにしている会社もあります。

Q9　RPAを使うことによるリスクはあるの？

A9　悪意を持った人がRPAに情報収集などのプログラムを仕込むことで、「野良ロボ」になるリスクがあります。万が一、情報漏洩などが起こった場合、企業に与えるダメージは大きくなります。シナリオ作成・変更の際に開発内容に対して稟議申請・承認を行う、シナリオの稼働状況を把握する、シナリオの実行スケジュールを管理する、シナリオファイルのマスタ管理を行うなど、情報システム部門が横串で統制をかけることが、「野良ロボ」発生を防ぐ対策として重要になります。

Q10　RPAは、今後はどう発展するの？

A10　現在のRPAは「フェーズ1」で、判断や例外的な処理を伴わない、作業手順が決まっている定型作業を自動化できる段階です。今後「フェーズ2」「フェーズ3」と発展していき、「フェーズ2」ではAIとの連携によって非定型作業や例外的な作業を自動化できるように、「フェーズ3」ではAIを発展させて問題発見・プロセスの分析・意思決定・改善までを自動化できるようになると予想されています。「フェーズ1」のいまこの時にRPA導入を進めておくことが、「フェーズ2」「フェーズ3」といった来たるべきAI時代の業務基盤・事業基盤を作ることになるのです。

06 RPA導入の事例

実際に私がコンサルタントとして携わり、RPA導入をご支援した事例を紹介します。今後、RPA導入する際の事例として参考にしてみてください。

RPA導入支援　ケース1

ITリテラシーの高い社員がいない中、残業を強いられていた受注登録業務などを中心に年間1800時間削減。さらに作業ミスなど業務の手戻りを30%削減し、業務の属人化も解消。

［会社プロフィール］
業務用フラワーの制作・販売を手掛ける。従業員65名、年商6億5000万円、創業17年。
テレビ局／芸能界／音楽業界／出版社などのマスコミ業界に強みを持つ、業界専用のフラワーショップ。
創業当初からイベントプロデュース業を営んでおり、業界の慣習に精通している。放送業界の関係者や芸能人の対応経験が豊富にあり、一般的なフラワーショップにはないノウハウを持っている。年間1万2000本以上のコンサートのスタンド花を手掛けており、年間1万件以上のイベントに携わっている。年中無休で受注デスクに3人の社員が常駐し、当日配送・即日配送を実現している。

〔業務上の課題〕

◉2つのECサイト、および販売管理システムを構築しているが、それぞれが保持する顧客情報や注文情報が異なるため、手動で項目を補うなど、データ連携のために多くの手間がかかっていた

◉販売管理システムは創業以来、内製で開発しており、つぎはぎで機能追加を行っていることから、画面に表示されるメニューや項目が増えるなど、ユーザビリティが大きく低下していた。また、不用意にデータベースが増えたことで処理が複雑化し、システムの応答時間が急激に長くなっていた

◉フラワーの制作や配送に業務の比重が置かれるため、管理部門の人員が少なく、請求書発

行や入金管理・支払管理などの業務を残業で対応することがしばしばあった

◉非正規社員の比率が高く、定期的に退職者が出るという状況が続いており、業務の引き継ぎや社員教育に多くの手間がかかっていた

［支援内容］

◉販売管理システムの刷新に取り掛かっていたが、構築に1年程度の期間を要するため、現状のシステムと業務手順のままＲＰＡを導入した

◉業務洗い出しの観点を示し、現場からのボトムアップでＲＰＡ化対象業務を抽出した

◉洗い出された業務に対してＲＰＡ化可否の判定を行い、業務特性を鑑みて対応の優先順位を決定した

◉組織および業務に適したＲＰＡプロダクトを選定した

◉プロダクトトライアルの計画を立案し、実施に際して技術フォローを行った

◉本導入のスケジュール、運用組織の提案を行い、本導入からの半年間にわたり進捗状況の管理を行った

◉ＩＴ導入補助金の申請代行を行い、50万円の補助金を獲得した

［成果］

◉受注登録業務／請求業務／入金管理業務／支払管理業務／シフト管理業務などにおいて、業務が効率化された（年間1800時間）
◉受注登録業務において、作業ミスによる業務の手戻りが削減された（年間30％）
◉ロボットに業務を覚えさせることで、特定の担当者のみが業務を理解している「属人化」が解消された
◉業務の引き継ぎや社員教育にかかる手間およびコストが削減された（年間20％）
◉補助金獲得により、RPAプロダクト費用が削減された（初年度▲50万円）
◉現場が自らメンテナンスできるRPAプロダクトを採用したことで、従業員全体の業務改善意識が高まり、継続的に業務改善を実現する組織基盤が構築された
◉業務効率化により人員余力が創出され、新規事業への進出を果たした

RPA導入支援　ケース2

グループ会社全体でシステム利用の制約などがある中、現状のシステムと業務手順を変更せずに業務効率化を実現。申込登録業務／受講案内業務などを中心に年間600時間削減、業務の平準化が実現して繁忙期には残業代が月50％削減された。

［会社プロフィール］

研修・コンサルティングサービスを手掛ける会社。従業員270名、年商100億円、創業27年。

大手総合電機メーカーのグループ会社。同メーカーが培った技術系の研修やコンサルティングサービスが強みであり、公開講座や訪問研修、通信講座などを提供している。本社がある大阪のほか、東京・京都・三重に研修所を構えている。

［業務上の課題］

◉研修の申し込みを管理する基幹システムを導入しているが、パッケージソフトウェアが自社業務に合わず、無駄な項目を登録したり、ダウンロードしたデータを手動で加工したりしていた

◉研修の申し込みは外部のWEBサイトにて受け付けており、その内容を基幹システムに登録する作業に多くの手間がかかっていた

◉基幹システムのほか、グループ会社全体での利用が義務づけられているワークフローシステム／会計システムなどを導入しており、これらのシステム間のデータ連携に多くの手間がかかっていた

- 申込管理の手順が研修所ごとにバラバラであり、業務が属人化していた
- マクロやAccessで細かい登録作業を自動化できる従業員がいるが、ほかの従業員ではプログラムをメンテナンスすることができず、特定の研修所のみに利用が限られていた
- 4月や9～11月など、特定の時期に研修の開催が集中し、繁忙期は残業で対応することがしばしばあった

［支援内容］

- 基幹システム／ワークフローシステム／会計システムはグループ会社の制約で変更することができないため、現状のシステムと業務手順のままＲＰＡを導入した
- 業務ヒアリングを行い、現状フローを作成してＲＰＡ化対象業務を抽出した
- ＲＰＡだけではなく、作業手順の変更や他システムの利用による業務改善手法を提案した
- 当社から指定のあったＲＰＡプロダクトについて、技術面や運用面での評価を行った
- プロダクトトライアルの計画を立案し、実施に際して技術フォローを行った
- 本導入のスケジュール、運用組織の提案を行い、本導入からの半年間にわたり進捗状況の管理を行った

［成果］

◉ダイレクトメールの送付業務／申込登録業務／受講案内業務／アンケート集計業務／請求業務／入金管理業務などにおいて、業務が効率化された（年間600時間）

◉繁忙期にはロボットの稼働ライセンスを追加して対応することで、業務の平準化が実現し、残業代が削減された（繁忙期：月間50％）

◉ロボットに業務を覚えさせることで、特定の担当者のみが業務を理解している「属人化」が解消された

◉ノンプログラミングのRPAプロダクトを採用したことで、マクロやAccessに頼らない自動化ツールを構築することができ、業務手順の変更にも容易に対応できるようになった

◉従業員全体の業務改善意識が高まり、継続的に業務改善を実現する組織基盤が構築された

◉業務効率化により人員余力が創出され、顧客に向けた新サービスの提供を実現した

07 「惜しい」ということは、「もっとよくなれる」ということ

みなさんにとってRPAは未知の世界であり、小難しく、よくわからないものだったかもしれません。しかし、この本を通じて、その意義や種類、導入までのステップを知識として得られたということは、業務改善や自動化がまた一歩前進したことにつながると思います。

特にITを毛嫌いしている経営者の方は、「RPAを導入するぐらいであれば、少しでも設備投資に資金を回したい」というのが本音でしょう。それでも社内の人間が説得して、ようやくこぎ着けたRPA導入……ところがうまくいかない、やってはみたけどなかなか前へ進まない、そんな「惜しい」がこの本にはたくさん詰まっています。

ここまで、「惜しいRPA」の例から始まり、どう使い、どう運用するかまでをまとめてきました。この本を手に取ったあなたの会社も、「うまく使えていない」「なかなか導入に踏み切れない」など、同じような「惜しい」状態に陥っていませんか？

変化に備えて「未来への投資」をする

労働人口の減少による働き方改革から、従業員のライフスタイルの変化、新型コロナウイルスの影響による労働環境の変化は、あなたの会社だけでなく、ビジネスそのものに大きな影響を与えるはずです。ＲＰＡは単に人手不足だから導入するということではなく、これから来る変化に備えて投資するという側面を持っています。つまり未来に投資することでもあります。

確かに効果は目に見えてすぐに表れるものではないかもしれません。ただ将来にわたり、必ず効果をもたらすものであると断言できます。

私は、日本の旧態依然の働き方は、持続可能なものではないと考えています。紙を使い、一カ所に集まって仕事をすることを重視し、時間をかけて丁寧にやる……それは素晴らしいことですが、環境・社会・経済の観点から捉えると、より持続可能な方法が求められています。私はＲＰＡとは「人がそんな単純作業をやっていてもいい時代なのですか？」ということを問いかけている技術だと思います。**人間の丁寧な仕事ぶりは、単純作業ではなく、もっとほかの分野で発揮すべき、そのためにロボットを活用する――これがＲＰＡの本質**だと思います。

会社は規模や社員数を問わず、「人間とロボットの仕事の線引き」を行うべきだと考えます。せっかくの優秀な人材ですから、ロボットができる仕事はロボットに任せることにより、多くの付加価値が生まれるのではないでしょうか。

将来はいまよりももっとＩＴが進化し、いずれはＡＩが活躍する時代がやってくると思いますが、ＲＰＡ導入をきっかけに、ビジネスでロボットと人間の役割分担を行うことが、企業にとって重要になってくるはずです。会社を率いる立場の方々であれば、なおさらそれを考える必要があるに違いありません。

ＲＰＡ導入を「人とロボットが共生する時代のイントロダクション」と捉えてみませんか？

読者特典

「RPA 導入チェックリスト」ダウンロード

「惜しいRPA」にならないための
導入に関するチェックリストを
ダウンロードしてお使いいただけます。
ぜひご活用ください。

https://cm-group.jp/LP/40420/

※ この特典は予告なく変更・終了する場合があります。
あらかじめご了承ください

【著者略歴】

大西亜希（おおにし・あき）

ヴェールコンサルティング株式会社 代表取締役。中小企業診断士、高度情報処理技術者。みずほ情報総研株式会社、アビームコンサルティング株式会社を経て、現職。これまでに大企業から中堅・中小企業まで、100社以上のITコンサルティング・業務改革コンサルティングに従事。施策の提言に加え、組織の個性に合わせた仕組みの具現化、経営層や現場の自主性を最大限に引き出すプロジェクト推進を得意としている。デジタル庁ITストラテジスト、一般社団法人 IT顧問化協会 副理事、学校法人 産業能率大学 総合研究所 兼任講師なども務める。著書に『新IT組織論 中堅・中小企業のためのCIOハンドブック』（ギャラクシーブックス）がある。プライベートでは2児の母。

https://www.vert-consulting.com/

RPA《アールピーエー》で成功《せいこう》する会社《かいしゃ》、失敗《しっぱい》する会社《かいしゃ》

2021年 7月21日 初版発行

発行 **株式会社クロスメディア・パブリッシング**

発行者 小早川幸一郎

〒151-0051 東京都渋谷区千駄ヶ谷4-20-3 東栄神宮外苑ビル

https://www.cm-publishing.co.jp

■本の内容に関するお問い合わせ先 …………………… TEL (03)5413-3140 ／ FAX (03)5413-3141

発売 **株式会社インプレス**

〒101-0051 東京都千代田区神田神保町一丁目105番地

■乱丁本・落丁本などのお問い合わせ先 ……………… TEL (03)6837-5016 ／ FAX (03)6837-5023

service@impress.co.jp

（受付時間 10:00～12:00、13:00～17:00 土日・祝日を除く）

※古書店で購入されたものについてはお取り替えできません

■書店／販売店のご注文窓口

株式会社インプレス 受注センター ……………………… TEL (048)449-8040 ／ FAX (048)449-8041

株式会社インプレス 出版営業部 ……………………………………………… TEL (03)6837-4635

カバーデザイン・図版 華本達哉（aozora）

本文デザイン 金澤浩二

DTP 荒好見

編集協力 西村有樹（オフィスクイック）

校正 小倉レイコ

印刷・製本 株式会社シナノ

ISBN 978-4-295-40420-0 C2034